結果を引き寄せる

Attracting results

YouTube

Your Book Business Applications

TikTok

ビジネス活用術

完全版

長野雅樹
Masaki Nagano

鈴木啓太
Keita Suzuki

KADOKAWA

はじめに

　近年、中小企業においてSNSを使ったマーケティングが注目されています。特に、YouTubeやTikTokといった動画を活用することで顧客に商品・サービスを訴求したいと考えている企業が増えてきています。

　この本は、今からYouTubeやTikTokをはじめる中小企業のSNS担当者に向けた一冊です。SNSを利用したビジネスの可能性と、皆さんがこれから歩む道の一端をご紹介します。

　YouTubeやTikTokは今日のビジネスシーンにおいて欠かせないツールになりました。それぞれのプラットフォームは独自の特性を持ち、企業の個性やビジネスの特徴をダイレクトに顧客に伝えることができます。

　しかし、多くの企業がSNSをはじめる際、不安や疑問を抱えているのではないでしょうか。特に、「もう今さらはじめても遅いのではないか」という疑問がありますが、ここで断言しておきます。今からはじめても間に合います！

　本書を手に取ったあなたが、YouTubeやTikTokを利用してビジネスの可能性を広げる第一歩を踏み出すために、いくつかの重要なポイントを心に留めておくことをおすすめします。

　まずは、自社におけるSNSの位置付けを明確にすることが重要で

す。YouTubeやTikTokを単なる宣伝の場と捉えるのではなく、企業やブランドのストーリーを語る、価値を共有する場として位置づけましょう。コンテンツを通じて、企業の理念や文化、製品やサービスの背後にある情熱を伝えることで、視聴者との強い絆を築くことができます。

　SNSは単なる宣伝ツールにとどまらず、顧客やファンとの関係を築くためのプラットフォームです。YouTubeやTikTokを利用する際には、ただ情報を発信するだけでなく、視聴者との対話を大切にし、彼らの声に耳を傾けることが大切です。この相互作用が視聴者をファン化すると共に企業の信頼を築く鍵となります。

　次に、SNSではターゲットとなる視聴者層を明確に定義することも重要です。YouTubeとTikTokはそれぞれ異なる特性を持ち、異なるユーザー層を惹きつけます。しかし、共通する層があるのも事実です。そこを狙えばそれぞれのプラットフォームでバズります。どの層にアピールしたいのかを明確にし、それに適したコンテンツを作成することが成功の鍵です。また、視聴者の反応を見ながら、柔軟にコンテンツを調整していきます。

　SNSの世界では、速さが勝敗を分けることがあります。トレンドをいち早くキャッチし、迅速に対応することで、ライバルに差をつけることが可能です。

　ところが、企業でSNSに取り組むときにもっとも大きな障害になるのがコンテンツの承認に時間がかかることです。せっかくSNS担

当者が面白い動画を作ったのに、「会社として発信して問題ない内容か」ということを社内で精査していくうちに時間が経過して、内容的に古くなってしまうことが散見されます。これはもっとも避けなければなりません。

　もちろん、動画の質も大事です。面白くて価値のあるコンテンツを提供することで、視聴者の心を掴み、ファンを増やしていけます。SNSの世界では、オリジナリティと創造性が大切です。誰もがしていないことをする、あるいは既存のアイデアに独自のひねりを加えることで、自社コンテンツを際立てることができます。視聴者は新鮮でユニークなコンテンツを求めています。自社の個性を活かし、創造的なアプローチを取ることで、多くのフォロワーを獲得し、長期的な関係を築けるようになります。

　そのうえで一貫性が必要です。バズらせることで、商品・サービスを売りたいのか、集客をしたいのか、知名度を上げたいのか。何を実現したいのかを決めて、それに沿ったコンテンツを投稿し続けます。一貫性のある投稿は、視聴者に安定した印象を与えることにつながります。不安や迷いがあっても、一歩踏み出せば、その先には無限の可能性が広がっています。この本は、その一歩を踏み出すための指南書として機能します。YouTubeやTikTokの世界で、自社だけの特色や独自のコンテンツを見つけ、成長していくための知識とヒントが詰まっています。

　SNSは常に変化し続ける世界です。この本が提供する知識とヒン

トを活用しながら、常に最新のトレンドに敏感であり続けることが、SNSで成功を収めるための鍵となります。実践し、学び、進化し続けることで、YouTubeとTikTokをビジネスの強力な武器に変えることができるでしょう。

　本書の構成について、軽くご紹介しておきます。序章では、なぜ今からでもSNSをはじめるべきなのかを掘り下げ、業種に関係なく取り組める具体的な事例を紹介します。第1章では、多くの会社がSNSでつまずく理由とその改善策を探っていきます。第2章ではSNSマーケティングを構築する方法を各プラットフォームごとに解説し、その中でTikTokとYouTubeを選ぶことのメリットについて考えます。第3章では、バズる確率を上げるための準備や発想力の鍛え方に焦点を当て、第4章ではバズるための本質的な価値を提供する企画の立て方について詳述します。第5章では、効果的な撮影と編集の技術を紹介し、質の高い動画作りのコツを伝授します。そして6章では、SNSをビジネスで活用するメリットについてお伝えします。

　この本がSNSを通じて新たな顧客層を開拓し、あなたの会社のビジネスを加速させられる一助になることでしょう。

　YouTubeやTikTokはただのプラットフォームではなく、ビジネスに新しい価値をもたらし、未来への扉を開く鍵です。その第一歩を踏み出しましょう。

長野雅樹

Contents

1章

なぜほとんどの会社はSNSで失敗するのか

Contents

Contents

5章
効果的な撮影と効果的な編集

6章

SNSをビジネスに活用するうえでの最大のメリット

カバーデザイン　　菊地　裕（ライラック）

本文デザイン　　リンクアップ

校閲　　　　　　文字工房燦光

編集協力　　　　長沼良和

編集　　　　　　根岸亜紀子（KADOKAWA）

序章

今からでも
SNSをはじめるべき
理由

これからでも余裕で間に合うSNS

✓ 今から動画をやるのは意味があるのか?

　2021年4月に私たちがTikTokやYouTubeのショート動画の世界に足を踏み入れたときの状況と、今(2024年1月現在)とは大きく変わっています。

　当時のTikTokは、利用者はまだ少なく、YouTubeに至ってはショート動画がまだ存在していませんでした。それが、わずか2～3年の間にこれほどまでに急速に進化したかを思うと、環境の変化に驚かされます。TikTokの初期ステージでは、「TikToker」といった「YouTuber」のような新しい職業が生まれる兆しはまだ見えていなくて、素人が楽しむ場として認識されていました。動画をアップしている人たちはほとんどが素人でしたから、市場として伸びしろしかありませんでした。

　現在、TikTokは多くの企業が注目するプラットフォームとなっています。さまざまなブランドや会社が、コンサルタントの助けを借りてTikTokでのマーケティング戦略を練っています。動画をバズらせ、その影響力をビジネスに活かす企業が増えてきました。例

を挙げると、スシロー、ドミノ・ピザ、アイリスオーヤマ、ロート製薬、花王、大塚製薬など、数多くの大手企業がTikTokを利用しています。

しかし、こういった事実を見ると、「もうTikTokはレッドオーシャンなのでは？」と考えるかもしれません。いえいえ、そんなことはありません。「今からTikTokをはじめても遅いのでは？」と感じるかもしれませんが、マーケターの視点で見ると、まだまだTikTokには大きな可能性が広がっていると確信しています。

つまり、TikTokをはじめるべきタイミングは今です。新しい挑戦を待っているのは、あなた自身かもしれません。TikTokを活用し、その魅力を最大限に引き出してみてはいかがでしょうか。

もし、あなたがSNSでのマーケティングを考えるなら、それぞれのSNSに相性の良いジャンルを見極めることが大切です。中でもTikTokは、短い動画を中心としたコンテンツが注目されるプラットフォームです。食や恋愛といったジャンルは、人々の共通の興味として全世界に広がっています。これらのジャンルでの動画作成者は増加しており、競合も多いです。

［ SNSの変遷 ］

Webサイト ブログ	Instagram	YouTube	TikTok YouTube Shorts
テキスト	画像	動画	ショート動画

😊SNSといえば文字だったが、近年ショート動画が中心になりつつある

しかし、その中でも私たちは食のジャンルで独自のコンテンツを展開してきました。そうしたジャンルでの先行者メリットはあるものの、新たな参入者が出るたびに競合状況は厳しくなっていくでしょう。

　スポーツのようなジャンルは、興味を持つ人が限られてくる可能性があります。特に女性をターゲットにした場合、興味を示さない層も出てくるでしょう。そんな中で、TikTokでの活動を見送ってしまうのはもったいない。なぜなら、まだチャンスはたくさん残されているからです。

　TikTokでの成功の鍵は、「ニッチを狙う」こと。単にニッチと聞くと、狭いジャンルをイメージするかもしれませんが、私たちが言いたいのは「掛け算のアプローチ」です。あるジャンルと別の興味や需要を組み合わせることで、新しいコンテンツを生み出すことができます。「会社×料理」や「会社×アニメ」、「会社×家電」といったように、会社に異なる要素を掛け合わせることで、独自性を持ったコンテンツが生まれます。

　掛け合わせる要素には、多くの人々が興味を持つものを選ぶと効果的です。食や恋愛などの分母が大きいジャンルは、多くのフォロワーを惹きつける力があります。一方、スポーツのようなジャンルは、特定の層に深くアピールする力があります。

　最終的には、この「掛け合わせ」を活用して、自社の商品やサービスに合わせた、オリジナルのコンテンツをTikTokで展開するこ

とが大切です。この方法で、新しいファンを獲得し、独自のブランドを築いていくことができる。TikTokの可能性は、まだまだ広がっています。

　私たちがTikTokを利用するにあたり、重要なのは独自性を持ったコンテンツを展開すること。人気のあるジャンルを取り扱っていると、確かに多くの人々の目に留まるチャンスは増えますが、その反面、ライバルも増加します。最初は、そのジャンルがまだ未開拓であったことから、楽に目立つことができたかもしれません。しかし、人気のジャンルというものは、どんどん競合が増えていくものです。

　このような状況下では、どのように差別化を図るかが問われます。ここで重要になるのが、今まで試みられなかった発想、あるいは「転換のレベルの発想」を持つことです。具体的には、異なる要素やニッチなジャンルを複数掛け合わせることで、新しいジャンルやトピックを生み出すことです。例えば、「会社×恋愛×笑い」といった組み合わせなら、会社での日常や恋愛のエピソードを、ユーモアを交えて展開する動画が考えられます。また、「会社×ダンス×笑い」ならば、職場でのダンスバトルや面白おかしいダンスチャレンジを行うなど、多くのアイデアが浮かびます。

　組み合わせる要素は3つ以上にするとさらにオンリーワンのジャンルを確立できる可能性が高まります。「会社×メイク×物真似」では、職場でのメイクチャレンジや、有名人の物真似をしながらの

メイク動画など、新しい形のエンターテインメントが生まれるでしょう。あるいは、「会社×フィットネス×クイズ」のように、職場でのフィットネスチャレンジとクイズを組み合わせることで、視聴者とのコミュニケーションを深めることができます。

　結局のところ、要素の組み合わせは無限大です。しかし、その中で最も大切なのは、あなた自身のパーソナリティや特色を活かした、オリジナルなジャンルを見つけることです。TikTokでの成功は、そういった独自性を持ったコンテンツを発信することによって、築かれるのです。

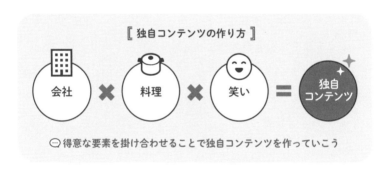

✓ 「やりたいけど、やり方がわからない」という声が多い

　最近、私たちはいくつかの企業からSNS、特にTikTokやYouTubeのショート動画に関する動画マーケティングのコンサルティングの依頼を受けるようになりました。昨今のTikTokの勢い

は、どの業界でも注目される存在となっており、個人だけでなく企業もその波に乗りたいと考えているのは明白です。しかし、この流れの中でひとつの共通点を持つ問題が浮き彫りになってきています。

　企業の中には、動画コンテンツの制作方法やTikTokやYouTubeの操作方法など、基本的な部分からのスタートとなる場合が意外と多いのです。「SNSでの動画マーケティングが効果的だ」という声を聞き、その魅力に取り組みたくなるのは理解できます。しかし、「そもそも動画をどう作成すればいいのか」「TikTokでのアカウント運用はどう行うべきか」といった、最初の第一歩で障害に直面するケースが本当に多いのです。

　もちろん、まったく新しい手法に挑戦するときのハードルの高さもあるでしょう。また、企業として「やる気はあるが、どのように取り組むべきか」という迷いを感じていることもあります。

　そこで、まずTikTokやYouTubeの動画を活用したSNSマーケティングに興味を持ったら、実際に自身でアカウントを作成し、短い動画を投稿してみること、わからないなりに触ってみることをおすすめします。実際に手を動かしてみることで、制作のポイントや投稿の仕方、さらには視聴者とのコミュニケーションの方法など、多くの知見を得ることができるはずです。

　また、多くの企業から「動画を使って集客をしたい」という声を頂戴します。この目的を達成するためには、ただ動画をアップロー

ドするだけでなく、その動画が目指すターゲットをはっきりさせ、伝えるメッセージを明確にする必要があります。

TikTokでの成功は、視聴者の興味を惹きつけることからはじまります。そのためには、企業のブランドやサービスの特色を最大限に活かしたコンテンツ制作が求められます。

要するに、TikTokをはじめとするSNSマーケティングは、単に流行に乗るのではなく、その特性やメリットを最大限に活用する姿勢が不可欠です。私たちはこの本を通してそのサポートを全力で行っていきます。

しかし、ここでひとつ注意していただきたいのは、TikTokや他のSNSプラットフォームは、単にツールやメディアとしての側面だけでなく、コミュニケーションの場としての側面も強く持っているという点です。言い換えれば、ただ動画をアップするだけではなく、視聴者との対話や、彼らの反応、感想にしっかりと耳を傾けることが非常に重要となります。

例えば、ひとつの動画が多くの「いいね」やコメントを獲得した場合、それはその動画が持つメッセージや内容が視聴者の心に響いた証拠です。これを受けて、企業としてはさらにそのテーマやアイデアを深掘りし、次回の動画制作の参考とすることができます。逆に、期待した反響が得られなかった場合、その原因や背景を探る作業が必要となります。これは単に数字やデータを分析するだけでなく、実際に視聴者の声を直接聞くことが重要です。

　また、TikTokやYouTubeといった動画の魅力のひとつは、短時間で情報を伝えることができる点にあります。ショート動画は1分から1分半程度です。これは同時に、情報の伝え方や動画の構成、ストーリーの展開など、クリエイティブな部分をしっかり作り込んでいかなければならないということでもあります。この点においても、私たちが試行錯誤しながら得た知識や経験を余すことなく提供していきます。

　SNSマーケティング、特にTikTokやYouTubeといった動画マーケティングに取り組むことは、一時的なブームや短期的な結果を目指すものではありません。むしろ、中長期的なブランド戦略や、顧客との強固な関係構築を可能にするものです。そのためには、時間はかかりますが継続的な取り組みと、柔軟な発想、そして絶え間ない学びの姿勢が不可欠です。

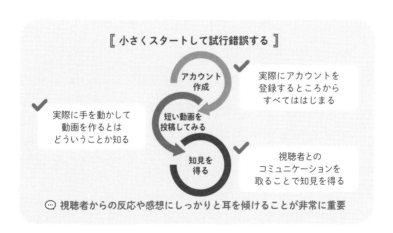

〚 小さくスタートして試行錯誤する 〛

アカウント作成

実際にアカウントを登録するところからすべてははじまる

短い動画を投稿してみる

実際に手を動かして動画を作るとはどういうことか知る

知見を得る

視聴者とのコミュニケーションを取ることで知見を得る

☺ 視聴者からの反応や感想にしっかりと耳を傾けることが非常に重要

SNSはやったこともなかった

　かつての私は、オンラインの世界とはほとんど無縁でした。2020年の8月に自社ホームページを立ち上げたのが初めての情報発信でした。

　それまではずっと建設業の世界で働いていました。特に移動体通信の基地局という、私たちの日常の通信を支える重要な施設の建設を手がけていたのです。その業界で磨いた営業力や多くの人間関係を武器に、いつかは独立して成功をつかもうと考えていました。

　そして、その夢を叶えるべく、ついには独立することにしたのです。しかし、その瞬間、世界は未曾有の危機、新型コロナウイルスの影響に見舞われていました。私の事業も、コロナの影響で一時はすべてが停止してしまったのです。独立直後、最悪の状況に直面していた私は目の前が真っ暗になりました。

　ところが、この困難な状況は、意外な形で新たな道を示してくれました。コロナの影響を受けて、以前よりもネットを活用する人が増えてきた中、私もまたSNSの重要性を認識しました。事実、もしコロナがなければ、私はSNSに取り組むことを決意しなかったかもしれません。逆境の中で見つけた新たなチャンスに、今では感謝しています。私にとって、コロナは最高のタイミングをもたらしてくれたといえます。

　独立という新たなスタートの直後に、世界的な危機が訪れると

はまったく予想できませんでした。私の初めの反応は、紛れもなく絶望でした。「これで終わりだ」と「これからどうしよう」というループを何度も自問自答する日々を送っていました。取引先としていた大手企業は、業務を一時的に完全に停止しました。それに伴い、期待していた受注もすべて消えてしまったのです。

独立する際に、最初の年で1億円の売上を目指していました。新しい名刺を作成し、意気揚々と多くの取引先に向けてガンガン営業していこうとしていたのです。

しかし、コロナの影響によって社会全体が急激に変わりました。日本中で感染に対する恐れが高まり、直接的なコミュニケーションは敬遠されるようになったのです。挨拶に行くだけでも不謹慎とされるほど、日常が変わってしまいました。

この状況で、今までのような直接訪問する営業手法は通用しなくなりました。しかし、「自社の名をもっと多くの人に知ってもらいたい」という気持ちは、変わらず強く心に残っていました。いずれにしろ会社としての売上を上げられるような体制にしなければならないことに変わりはないからです。

考え抜いた結果、経営が安定してからやろうと思っていた、SNSを前倒しではじめることにしました。無料で使えて、多くの人々とコンタクトをとることができる点が非常に魅力的でした。費用をかけずに広告や宣伝を行うことができるので、やらない理由はない。新規事業者にとって理想的でした。

それまでの私は、SNSというデジタルな領域に馴染みがほとんどなく、完全な初心者といっても過言ではありませんでした。多くの人が自然に利用しているSNSへの理解が浅く、「更新さえしていれば、何らかの結果が得られるのでは？」という楽観的なイメージしか持っていませんでした。

　SNSへの取り組みは、まず日常の情報発信からはじめました。私の手元にあったSNSのアカウントは、Instagram、X（当時はTwitter）、Facebook、noteといった主要なものでした。しかしこれらのアカウントで一度も投稿をした経験がない私は、最初は「どのボタンを押せばいいの？」という基本的な部分から学ぶこととなりました。これほどまでにSNSには距離があったのです。

　さらに、動画コンテンツを提供するYouTubeに取り組むこともスタートしました。ただ、YouTubeの動画制作は時間と手間がかかるため、毎日の更新は難しく、専門の業者に外注することにしました。それでも週に1度の更新頻度で発信していました。しかし、この外注による動画制作はコストがかさみ、毎月約70万円もの出費となりました。新たにはじめたビジネスの初期投資としてはやや高額であり、私の中での大きな課題となりました。

　そんな中でも、SNSを活用することの意義を感じはじめるようになりました。無料で使えるプラットフォームで、広範囲の人々に情報を届けることができるこの強力なツールを最大限に活用し、自社の知名度を高めるための方法を模索することになったのです。

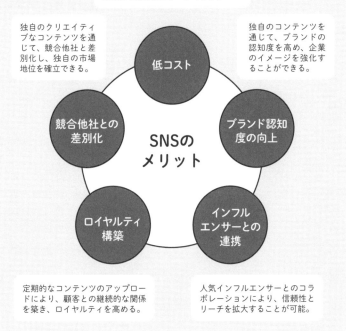

広告や伝統的なマーケティング手法に
比べて、動画SNSは比較的低コストで
広範囲の視聴者にリーチできる。

独自のクリエイティ
ブなコンテンツを通
じて、競合他社と差
別化し、独自の市場
地位を確立できる。

独自のコンテンツを
通じて、ブランドの
認知度を高め、企業
のイメージを強化す
ることができる。

低コスト

**競合他社との
差別化**

**SNSの
メリット**

**ブランド認知
度の向上**

**ロイヤルティ
構築**

**インフル
エンサーとの
連携**

定期的なコンテンツのアップロー
ドにより、顧客との継続的な関係
を築き、ロイヤルティを高める。

人気インフルエンサーとのコラ
ボレーションにより、信頼性と
リーチを拡大することが可能。

業種は問わず取り組める

✓ 日に日に溶けていく2000万円

　それまで建設業に携わっていたので、お客様に直接会って商談をする営業活動が中心でした。しかし、コロナの影響によって、この営業活動は制限されてしまいました。そこで、新しい営業ツールとしてSNSを使うことにしました。というか、SNSをやることしか思い浮かびませんでした。私自身ほとんどSNSを使ったことがなかったので、その可能性は未知数でしたが、どういうわけか絶対にうまくいくという確信と、未来の大きなチャンスがあることは理解していたのです。

　そこで、運転資金として2000万円を銀行から借り入れました。これによってSNS活用の取り組みを本格的に開始できました。しかし、私の会社の主業務である建設部門のスタッフからは、SNS活動に対して疑問視する空気感がありました。彼らは「SNSで何ができるのだろうか」と疑念を抱く一方で、「遊びのように見えるけど、本当にビジネスにつながるのか？」という不安も持っていたのかもしれません。

とはいえ、SNS活動は決して遊びではありませんでした。単なる情報発信やコミュニケーションツールとしてではなく、ビジネスとしてマネタイズを目指したものだからです。会社の利益にどうつなげるか、収益を生み出す手段としてSNSをいかに活用するかを真剣に考え、策略を練りながら進めていました。手元の2000万円が続く限りやれば、きっと勝てると思っていました。まったく根拠はなかったけれど、確信に近いものがありました。

SNSという新しい領域での成功への期待と、その可能性を信じる強い気持ち。この信念が、前進させる大きな原動力となっていたのです。

私の会社は、少しずつですが建設の仕事が増えてきていました。そんな中、大きな試練がやってきます。1000万円の大きな受注があったのですが、それが未払いとなってしまったのです。資金繰りは一気に悪化し、会社の口座の残高はわずか10数万円まで落ち込みました。社員へ給料を払うことさえできないほどの窮地に追い込まれました。心の中ではさまざまな思いが渦巻きました。「来月の給料は払えるのだろうか」という深刻な不安。「実家の財産を全部売ってでも会社を維持できるのか」という焦燥感。「土地を売って、両親は近くに住まわせるべきか」という心の葛藤。これらのことを考え続け、私の顔は疲労と心配でゲッソリと痩せ、目は血走っていたことでしょう。

しかし、そんな困難な時期に、私たちの会社には一筋の希望の

光が訪れます。鈴木啓太が入社してくるのです。彼は2021年の1月にSNS担当として私たちの会社に入ってくれました。鈴木は、YouTubeやTikTokにアップロードするための動画コンテンツを制作し、SNSに関する知識と経験がある人物でした。

彼の入社とともに、SNS戦略は新たな方向へと進むこととなります。彼は、SNSの力を最大限に活用し、会社のブランドをより多くの人々に知らしめる戦略を展開していきました。それまでは動画に関してはYouTubeを使うことしか考えていなかったのですが、彼の提案でTikTokを使っていくことになりました。

鈴木の活動のおかげで、TikTokアカウントはフォロワーを増やし、試行錯誤を重ねながら多くの人々の注目を集めることとなりました。彼の戦略や考え方は、新しい視点や考え方をもたらし、会社の成長を後押しすることとなりました。

そして、鈴木が私たちの会社に与えた影響は、ただのTikTokのフォロワーの増加だけではありませんでした。彼の存在は、私たち全員のモチベーションを高めるものであり、困難な時期に希望の光となってくれたのです。

✔ 工期が長く単価の高い建設業でもSNS効果はある

私はメインの業務で建設業をしています。正直なところ、この業界ではSNSの成果が直接的な売上につながるかと言われると、一概

には「はい」とは言い切れないところがあります。

　それには理由があります。建設業界では、大規模なプロジェクトを受けることが多く、その単価は数千万円、時にはそれ以上にもなります。このような大きな仕事を受ける場合、依頼主の信用が非常に重要となります。例えば、SNSを通じて「あなたの仕事が好きだからお願いしたい」という声をいただくこともあるのですが、それだけで仕事を受けるのは難しい。なぜなら、顧客が約束通りに支払ってくれるかどうかのリスクがあるからです。

　実際、過去には大きな仕事を受けたものの、約束された料金が支払われなかったという経験があります。そのため、新しいクライアントからの依頼があっても慎重にならざるを得ず、断ることが多いのです。

　しかし、中にはSNSを通じての問い合わせから、何度も打ち合わせを重ねることで信頼関係を築き、最終的に受注につながったケースもあります。大きな金額が動くことになるので、信用調査を行い、相手の信頼性をしっかりと確認したうえで、仕事を受けるようにしています。

　建設業は仕事規模が大きいこともあってSNSだけで仕事の信頼関係を築くのは難しいです。やはり直接的なコミュニケーションが必要不可欠になります。それでも、新しい時代の波に乗りながら、コツコツと仕事をしていくつもりです。

　視聴者さんが直接依頼してくださる以上に、彼らが周りの人たち

に声をかけてくださって、仕事になるケースが多いです。例えば、視聴者さんのご紹介で宮城県でも有名な飲食店さんから建て替え工事の依頼をいただいたことがあります。

このような間接的な依頼はもちろん、動画の力で私たちの存在が広く伝わることで、他の業者との相見積もりのような競争をする必要がなくなりました。売上が上がったこと以上にこちらの方が大きなポイントだと思います。価格競争しなくて良くなった分、より質の良いサービスや提案に集中できるようになったのです。

動画というツールは、単なる情報伝達手段ではなく、信頼を築くツールとしての側面も持っています。私がどのように現場で動き、どのように顧客とコミュニケーションをとっているかを、リアルタイムで伝えることができるのです。これにより、見てくださっている方々が私の仕事に対する信頼や安心感を持つことができます。

このように、建設業は顧客単価が高く、発注いただいても断ることが多々あるので、SNSで成果が出て100万フォロワーを突破したとしても、売上に直結しないため、具体的な数字が出せないのは歯がゆいところです。

例えば、小売業のようなビジネスでは、商品が月に数千、数万といった具体的な数字で売れることをアピールできることでしょう。それが具体的な成果として、すぐに数字で示せるわけです。しかし、私たちの建設業はそうはいきません。大型のプロジェクトがひとつ成功するだけで、それが大きな収益につながるのです。

　SNSをはじめたころ、正直いって効果を感じることは少なかったです。1年間、登録者数はほとんど増えることはなく大きな変化はありませんでした。

　しかし、ある時を境に、私たちの投稿が注目されるようになり、登録者が急増。一気に数十万人のフォロワーを獲得し、翌年にはその数は100万人を超えました。

　この数の増加が、売上への直接的な影響として表れたわけではありませんでしたが、私たちの名前やブランドが知られるようになったのは確かです。そして、その結果として、建設業の売上が増加傾向にあることは明らかです。2021年度の数字に比べ、2022年度は売上が2倍となり、2023年度もそれを上回る勢いで事業が拡大しています。

　もちろん、これだけの成功はSNSの力だけではありませんが、新しい時代の情報発信ツールを活用することで、私たちのビジネスが大きく変わったのも事実です。

　建設業という仕事柄、SNSと売上は直接的につながっていませんが、毎日のようにSNSの力を強く感じていることは間違いありません。動画を通して私のキャラクターや人柄を伝えることで、多くの人が私自身に興味を持ってくれるようになりました。ある意味、「私はこういう人ですよ」ということを伝え続けてきたからこそ、ビジネスをするうえで一番大事な「信頼性」を訴求できると感じています。

今後もこの動向は続くことでしょう。私たちはSNSをただのツールとしてではなく、新しい時代のコミュニケーション手段として、顧客との新しい形の関係を築く手段として有効であることを証明しました。

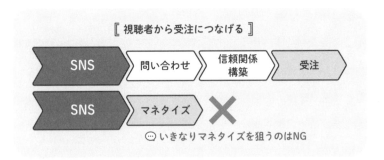

本気で建築会社でSNSをやっているところはほぼ見当たらなかった

　SNSは多くの業界でブランディングや宣伝の強力な手段になっています。しかし、私のいる建設業界では、SNSを積極的に利用して、その効果を実感している企業は少ないです。私はほとんど見たことがありません。そのため、逆にSNSを活用すれば勝てると踏みました。同時にこの業界でも新たな風を吹き込めるのではないかと考えたのです。

　そこで、YouTubeをはじめとして、X（旧Twitter）、Instagram、Facebook、note、ブログなど、さまざまなSNSを試しました。中

でもYouTubeは特に重点を置いていましたが、毎日の更新は難しかったため、週に1度、専門の映像制作会社に依頼してコンテンツを作成してもらっていました。毎月かなりの額がかかりました。

　SNSの取り組みをはじめた当初、私の会社は業界内で異端とみなされました。特にTikTokをはじめたばかりの頃、フォロワーがまだ数千人程度の段階では、批判や誹謗中傷の声を耳にしました。一部からは「TikTokなんてやっている会社に仕事を頼まない方がいいよ」という声や、「あの会社との取引はリスクがあるからやめよう」という声を聞くことがありました。実際、取引のあった会社の中でも縁を切られたところがありました。

　しかし、時が経つにつれて、TikTokやYouTubeでの登録者数が激増し、私の考えが徐々に理解されるようになりました。今では、SNSを通じてのブランディングや情報発信の重要性を多くの人々が理解し、支持してくれています。

　この経験を通じて、新しい方法やアイデアに挑戦することの大切さを改めて感じることができました。

　既存の枠組みに囚われず、時代の変化や新しい技術を活用して、自らのビジネスやキャリアを発展させていくことが、今後の成功への鍵となると確信しています。

　SNSの力は今や無視できないものとなり、私たちの取り組みもその影響を強く受けています。特にTikTokではひとつの動画が急激に注目され、フォロワー数が100万人を超えるほどの大きな動きと

なりました。この成功が評価され、業界の大手メディア「建設新聞」でも、私たちのSNS活用が事例として紹介されました。ずっと憧れていたそのメディアに掲載されたのは、本当に嬉しかったです。

批判的な意見を持つ人々や、中途半端に態度を変えた人たちとは、現在も距離を置いています。だけど、初めから変わらず応援してくれる企業や人々とは、さらに深い信頼関係を築き上げ、日々楽しく仕事を共にしています。

この経験から学んだのは、どんな状況下でも、自分の信じる道を進むことの大切さです。多くの人からの支持や信頼を得ることは、時に批判や疑念に晒されることもあるけれど、真摯に取り組み続ければ、必ずや良い結果が得られると信じています。

実績		
TikTok	▷	100万人
YouTube	▷	104万人
Instagram	▷	14.2万人
Facebook	▷	4.8万人
X（旧Twitter）	▷	2.5万人

2024年1月現在

バズるまでの光と影

✔ 考えさせられるコメントに途方に暮れる

　SNSで投稿し続けていくと、ときどき辛辣なコメントが届きます。もしかしたらそれを嫌がって一歩を踏み切れない人も多いかもしれません。もちろん、私たちもそういったコメントを受け取ることがあります。しかし、中には考えさせられることもあり、大きな前進のための起爆剤となることもあるのです。ここでは実際に受け取ったコメントを事例として紹介します。

　当初私はSNSで直接マネタイズすることを考えていました。YouTubeで建設の仕事について解説動画を作って、そこから仕事を受注しようと考えていたのです。しかし、何か月続けてもまったくうまくいきません。ほとんど再生回数も登録者数も増えず、ずっと止まっていました。そもそもやっていてまったく楽しくなかったのです。

　とはいえ、YouTubeの可能性は諦めきれず、まだ続けていきたいと考えていました。

　そこで、SNSでマネタイズすることをやめました。その代わり、

徹底して会社と私の知名度を上げる方向に転換することにしたのです。「絶対有名になってやる」と、鼻息荒く有名になるためなら何でもやってやる、という勢いでした。「知名度を上げる」という細い一本の線だけを頼りにして、他は何があっても全部壊れてもまた作ればいいぐらいの意気込みでした。SNSのような変化の激しい世界では、しっかり計画を立てて着実に進むことよりも、状況に応じてどんなことにも臨機応変に対応できるしなやかさの方が大事だと考えたのです。例えば、「YouTubeで動画を出して会社の業務を紹介しないとマネタイズできない」という発想に凝り固まってしまうと、うまくいかなかったときにポキッと折れて何もできなくなってしまいます。その点、柔らかくて細い一本の線だけを握っていれば、他はどんなに変化していっても大丈夫だと思うことで、時代の波に乗れるのです。

　ところが、そんな柔軟な気持ちで動画制作に臨んできたある日、動画の視聴者さんから衝撃的なコメントが投稿されました。

　「この人たちはこれをやって何になりたいんだろう？」

　当時は、大きくバズって再生回数とフォロワーが増える前でした。1年近く動画投稿を続けてTikTokは1万5000人ほどフォロワーはいましたが、自分たちがやっていることに確信を持つまでには至っていない時期。そのタイミングでこのコメントは心にズシッときました。

　これを読んだとき、「本当におれたちは何のためにやっているん

だろう」と思ったものです。

　TikTokのフォロワー数が1万人を超えていたので、箸にも棒にも引っかからない状態ではありませんでした。しかし、かろうじて首の皮一枚がつながっている感覚でSNSをやっていました。その不安定な状況の中で、「本当、何のためにやっているのだろう？」と、頭を抱え込んでしまいました。私たち2人で「このままやっていても大丈夫だよね」と確認し合いましたが、不安は隠せませんでした。

　「知名度を上げる」という細い線だけを頼りに真っ暗な中を歩んできて、「バズれば叶う」と信じていたけれど、1年近く毎日更新しても100万回再生が1度あるだけでした。正直いって、知名度が上がって有名になれたからといって何が得られるかわからないし、本業の建設業の仕事が回ってくる保証はまったくないし、マネタイズできる確証も皆目ありません。そんな不確定要素しかないところにこのコメントが来たものですから、進退を考えざるを得なかったのです。

　「とりあえずいろいろ試行錯誤をしながら毎日動画を投稿しているけどどうすればバズるだろう？」という不安な気持ちでやるしかありませんでした。毎日動画を出すことで、自分たちの欲求が満たされ、心の安定を保てていました。そのため、どんなに不安でもとりあえずは動画を投稿することだけは続けていました。

　振り返ってみると、「知名度を上げる」という一本の細い線を握

りしめることだけに集中していたのが、今思うと良かったです。SNSでマネタイズしようとする人は、やり方もしっかり考えて綿密に戦略を立てて取り組む場合が多いです。きちんとお金になるまでシミュレーションして手順を踏んでやろうとします。

　しかし、私たちの場合、知名度が上がって有名になれるのであれば手段は問わないし、近道だろうが遠回りだろうが関係ないと思っていました。

　結局、マネタイズするところまで具体的な計画に落とし込んでいなかったから不安を抱えながら動画を作っていた。そこにこのコメントが来たので深く刺さってしまったということです。有名になるというゴールだけを見ていたので、途中の「バズらなかったらどうしよう」ということは、あえて見ないようにしていました。すでに高いところまで来ていたので、足元を見てしまって、ブルッとすくんでしまったわけです。急にこのコメントが来たときにすごく怖くなって「毎日動画投稿を続ける先に本当にゴールがあるのだろうか」と、自信が揺らいで疑心暗鬼になってしまったのです。

　このコメントが来たときには2人で絶句するほど精神的にえぐられて本当に胸が痛かったです。しかし、そのおかげでいろいろと考えられたことも事実です。振り返れば「いい言葉をもらったな」と思います。

　SNSをはじめると決めたとき、融資を受けた2000万円が枯渇するまでは続けると決めていました。だからこそ、できるところまでや

ろうという覚悟はできていたことも、めげずに頑張れたことだと思います。

そのコメントをもらった3か月後、私たちのTikTokとYouTubeは見事にバズりました。とんでもない勢いで再生回数が増えて、フォロワー数が激増していったのです。

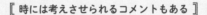

[[時には考えさせられるコメントもある]]

この人たちはこれをやって
何になりたいんだろう

（…）まだ結果が出ていない不安定な状況の中でこの
コメントを読んで、「このままやり続けても大丈
夫だろうか？」と不安を隠せなかったのも事実。

初めてバズった日を決して忘れない

TikTokを開始する数か月前、私は建設業界での新しいスタートを切ることに成功しました。具体的には、建設業許可票、通称「金看板」を取得できたのです。この金看板の取得は、15種類の建設業の許可を受けることができる特権を持っています。それにより、私の会社は内装の仕事からリノベーション、電気工事、管工事、さら

には土木工事まで、業界内での幅広いサービスを提供できるようになりました。

　初めの頃は正直大変でした。新しい会社としての知名度がまだ低く、売上も伸び悩んでいました。しかし、私は諦めませんでした。営業活動を活発化させ、徐々に信頼と実績を積み重ねていく中で、売上が少しずつ伸びはじめる兆しを見ることができました。

　そして、ある日、新たな可能性を見い出しました。それは、SNSを活用することでのブランディングと宣伝です。特に、YouTubeチャンネルとTikTokをはじめることにしました。

　初めての動画投稿から、数か月はそれほど多くの視聴者を獲得できませんでした。しかし、私とSNS担当の鈴木は、毎日のように動画のアイデアを練り、改善し続けました。その結果、1年でTikTokでは17,000人、YouTubeでは600人のフォロワーを獲得することができました。

　2022年5月7日。その日は、私たちのTikTokアカウントとYouTubeチャンネルが大きく変わった日でした。朝、普通に建設現場に向かい、近所のコンビニで一息ついていたところ、鈴木から驚きの電話が入りました。

　「社長、ヤバイんですけど。今まで600人だった登録者数が、一気に1000人を超えて増加しているんです。そして、増え続けています」

　驚きのニュースに、私はコンビニから出て、すぐにスマートフォ

ンを開きました。確かに、再生数や登録者数が爆発的に伸びていました。一体どの動画が原因なのか、早速確認してみると、先週アップロードした「会社でホタテ」の動画がバズっていました。

その後も驚異的なスピードで登録者数は増加し続け、瞬く間に10万人、50万人と増えていきました。そして、2022年の終わりには、我々はYouTubeの「国内急成長クリエイターランキング1位」という称号を手にすることができました。

この成果には、鈴木や他のスタッフの協力が欠かせませんでした。また、毎日の動画制作や編集、そしてコメント欄での交流を通して、視聴者との絆を深めることができたのも大きな要因となりました。

この急成長を受けて、私たちの会社は、建設業だけでなく、メディア制作の分野でもその名を轟かせることとなりました。さまざまな企業や団体からコラボレーションのオファーが舞い込み、新たなプロジェクトが次々とスタートしました。

この成功を受けて、新たな可能性を感じることができました。私たちの会社は、建設業とメディア制作、これら2つの世界を融合させた新しい形で、これからも多くの人々に夢や希望を提供していきます。

2022年5月以前、私たちのYouTubeチャンネルのメインコンテンツは、社長と部下の面白おかしい掛け合いを中心に展開していました。ところが、ひとつのアイディアがバズるきっかけとなったので

す。それは「料理」でした。

　鈴木が最初に持ちかけてきたこのアイデアは、鈴木が仕事中に会社で昼食を作るというもの。正直、最初は半信半疑でした。料理と建設業、一見するとまったく関係ない2つの要素をどう組み合わせるのか、そのビジョンが見えず、さらには経費の問題もありました。

　この新しいコンテンツのスタートは、実際にかなりのリスクを伴っていました。しかし、私たちはそのリスクを取る価値があると感じ、全力で取り組むことに決めました。そして、その結果、我々の予想を遥かに超える反響を受けることとなりました。

　この成功の背景には、料理を通じて見せる我々のチームワークや、ひとつの料理に込められたストーリー、そして何よりもリアルな生の反応が視聴者たちに伝わったからだと思います。

　料理という新しい要素を取り入れたことで、我々のチャンネルはさらに幅広い層の視聴者に支持されるようになりました。子供から大人まで、家族全員で楽しめるコンテンツとして、多くの家庭で私たちの動画が楽しみにされるようになりました。

　そして、この成功を受けて、私たちは料理を軸に動画を配信していくことになりました。

　結果として、私たちのYouTubeチャンネルは、ただの建設業者の日常を描いたものから、料理を通じて多くの人々とつながる媒体へと成長していきました。

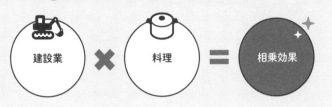

[関係ない組み合わせが大きな相乗効果を生む]

建設業　✕　料理　＝　相乗効果

最初は業務紹介の動画からスタートしたけれど

　私たちは、TikTokで先にバズりフォロワーが100万人を突破した こともあり、TikTokばかりやっていたと思われるかもしれません。 外部の人から見れば「TikTokを主にやっていたのでは？」という 印象を受けるのも無理はないでしょう。しかし、私たちのSNSの経 歴は、YouTubeからはじまっていました。

　当初は、YouTubeで建設に関する知識を紹介するコンテンツを 配信していました。私は建築や空調機器に関する情報を提供してお り、「このエアコン機種が最も効率的です」とか「電気代を節約す るための方法」といった真面目な内容をシェアしていました。こ の情報は確かに価値があると信じていたし、多くの人々がこの情報 を必要としているとも考えていました。しかし、実際のところ、私 の動画はそんなに面白くはなかったようです。再生数はあまり増え ず、新しい登録者も増えませんでした。

SNSの世界は日進月歩です。新しいプラットフォームが次々と登場し、多くの人々がそこで情報を発信しています。TikTokやYouTubeだけでなく、X（旧Twitter）、Instagram、noteなどのさまざまなSNSを試してきました。それぞれのプラットフォームには、その特性や利点があり、学びながらそれらのサービスを利用していました。しかし、収益化という点で考えると、まだまだ課題が多いと感じていました。

　鈴木の入社時期は、2020年12月。彼はアルバイトとしてスタートしましたが、彼の能力や熱意がすぐにわかり、翌年の1月からは正社員として活躍してもらうことになりました。最初に彼に任せたプロジェクトは、当時から私たちの主要なコンテンツ配信先であったYouTubeでした。

　彼はYouTubeのコンテンツ制作や編集、そしてプロモーションに真摯に取り組んでいました。しかし、それにもかかわらず、数か月が経過しても登録者数はあまり伸びず、再生数も思うように増えませんでした。ファンとして応援してくれるような人たちもほとんど増えることがなく、毎日のように数字を追う日々は、正直なところ心が折れそうになることもありました。

　一方、SNSの世界は日々変わり、新しいトレンドやプラットフォームが次々と出てくる中、私たちも何か新しいアプローチを考えなければならないと感じていました。それに、YouTubeでの結果が出ない中で、新しい方向性や可能性を模索する必要があったの

です。

　そんなとき、鈴木からの提案が。彼は「TikTokを使ってみるのはどうでしょうか？」と提案してきました。私は当初、少し驚きました。当時は中高生など10代がメインだという印象が強いプラットフォームだったからです。しかし、鈴木の熱意や、新しいことにチャレンジする気持ちに共感し、彼の提案を受け入れることにしました。

　鈴木は、TikTokの特性を研究し、私たちのコンテンツをどのようにアレンジすれば良いかを考えてくれました。短い動画の中に、情報やエンターテインメント、そして私たちのオリジナリティを詰め込むのは簡単ではありませんでしたが、彼の努力やクリエイティビティさが光り、次第にTikTokでの反響が大きくなってきました。

　初めは、手探りの状態でした。どんな動画が受けるのか、視聴者が求めているのは何か、そしてどのようなスタイルで発信すればいいのか。試行錯誤を繰り返しながら、次第に自分たちのスタイルを見つけていきました。そして、その努力が実を結び、TikTokでのフォロワーが増えはじめてきました。

　この新しい挑戦が、私たちのチャンネルに新しい風をもたらし、ファンが増えはじめました。そして、それはYouTubeにも良い影響をもたらし、登録者数や再生数も徐々に増えてきました。鈴木の提案や彼の熱意が、私たちのコンテンツ制作に新しい道を示してくれたのです。

これから動画をはじめるには

これからはじめるならショート動画一択

　ゼロからSNSで動画コンテンツを作って発信していこうと考えている場合、ショート動画を作るところからはじめるのがベストです。ショート動画に絞り込んでやっていくことで、再生回数も増えやすいし、登録者も多く獲得できる確率は高いです。

　YouTubeの横長の動画からはじめてしまうのは結果が出るのに時間がかかりすぎることと、コンテンツ制作に時間がかかりすぎてしまうため、続けていくのが難しくなります。

　SNSで何をしていきたいか考えるのは、まずショート動画の縦長のフォーマットを選ぶところからはじめましょう。

　縦長フォーマットにした場合、どういう設定にするか考え、画角や登場人物を決め、1分の尺でどういう流れにするかを構成します。

　後は、作成した動画をTikTok、YouTube、Instagramのリールにアップします。

　私たちは、当初TikTokのフォロワーが17,000人のときにYouTubeの登録者数が600人だったため、TikTokが当たってからYouTube

でバズったと思われがちです。しかし、料理動画でバズってからは
ほぼ同じタイミングで視聴者は増えてきました。

　ただ、一般的にTikTokの方がYouTubeに比べてバズりやすいの
は事実です。簡単にいうと、インパクトのある入りさえできればバ
ズれます。プラットフォームのアルゴリズム（情報処理方法）がそ
のように組まれているからです。

　例えば、「部下が電話でキレていて最後に見当違いなものだった」
というフォーマットのショート動画をTikTokとYouTubeに投稿し
たところ、再生回数に大きな差が出ました。

　この動画はTikTokでは280万回再生しました。当時でも1週間
で100万回再生だったのに対し、YouTubeでは1週間で1000回再
生程度となっています。このシリーズは18本投稿したのですが、

TikTokでは平均20万回再生なのに対し、YouTubeでは平均1500回再生に留まっています。その後、YouTubeがバズり、過去動画も再生されるようになり、現在はYouTubeでもこのシリーズの再生回数が大きく伸びています。

今までアップしてきた料理動画と全然違う入りとフォーマットでも、TikTokのアルゴリズムに沿った動画であればTikTokでは100万回再生を超えることはできますが、そのアルゴリズムはYouTube Shortsには当てはまらないということが明確になりました。

TikTokはアルゴリズム優先で、インパクトがあり、それに沿った動画を作成していれば、誰が登場していようが、違うフォーマットであろうが、アルゴリズムが機能してある程度バズることができます。

一方、YouTube Shortsは、インパクトだけでなく、登場する人の顔や、知名度、キャラクター性、好みのフォーマットといったものが判断材料となります。つまり、なんとなく流れてきた気になる動画をどんどん再生するタイプのTikTokとは違い、YouTube Shortsの場合はコンテンツそのもののファンになるという傾向があるのす。この理由はYouTubeはショート動画が登場する前からチャンネルというスタイルを設け、コンテンツを視聴するためのプラットフォームとして成立しているからです。

例えば、YouTubeで今までバズり続けてきたトップクリエイターの人たちがショート動画を上げたら、多くの人が見にいこうとしま

す。元々有名だった人たちの再生回数は基本的に多くなるわけです。YouTubeには元々動画をアップして実績のある人がバズりやすいという前提条件があるので、TikTokのようにアルゴリズムだけで伸びる可能性は低いです。TikTokでは、1本目の動画でもバズれるけれど、YouTube Shortsではそれが難しいのはこの理由からです。

ただ最近ではYouTube Shortsのショート動画もある程度年月が経って浸透してきていることもあり垣根は低くなってきている印象はあります。今までYouTubeで登録者数がそれほど伸びていないTikTokのショート動画クリエイターの人も、少しずつ再生数と「いいね」が取れるようになってきています。

TikTokに参入するタイミング

時代の流れと共に、社会の通信手段や情報収集の方法も変わってきました。その中で、TikTokやYouTubeは現代の若者を中心に非常に人気のあるプラットフォームとなりました。今日では、これらのSNSを活用することは、多くの会社や個人にとってもはや常識となっています。

しかしこの流れがはじまった初期のころ、私たちがこれらのSNS活動を開始したとき、周囲の目は必ずしも理解に満ちていたわけではありませんでした。言わば「早すぎる」とも「遅すぎる」とも

言える微妙なタイミングだったのです。当時の風潮は、TikTokや YouTubeをビジネスツールとして活用している会社を、軟弱と見 るかのようなムードがありました。

「令和の虎」という有名なYouTubeチャンネルに出演している ような、SNSを駆使する起業家が少数派で、大半の人々はまだSNS の波に乗っていなかったのです。飲食店や小売りといった従来型の ビジネスを経営する人々が、徐々にSNSの可能性に目を向ける中、 真の意味で成功しているケースはまばらでした。

特に、TikTokとYouTubeの連携、つまりTikTokの人気をYouTube に移行させる試みは、多くの人にとって難しい挑戦であったようで す。多くの試みが水の泡となり、成功に至らない事例も少なくあり ませんでした。

私たち自身も、SNSでの成功を手にしたとき、それはギリギリの タイミングだったと感じていました。しかし、現在では、まだまだ 参入の余地があると感じています。その後、SNS活動を開始した多 くの人々が、フォロワーや再生数の伸び悩みを感じる中、私たちは 一歩先を行く活動を続けてきました。

この経験を通して感じることは、新しい技術やツールを取り入れ るタイミングや方法が、成功を分ける重要な要因であるというこ と。過去の経験を活かし、常に一歩先を目指して進むことで、新し い時代の変化に柔軟に対応していくことが求められているのです。

多くの人は「もう皆がSNSを使っている。今更、私がTikTokや

YouTubeをはじめても遅いのでは？」と考えることでしょう。このような疑問を持つのは自然なことです。確かに、ひとりのクリエイターの登場で新しいコンテンツやジャンルが埋められていくのは事実です。しかし、まだまだチャンスは広がっています。なぜなら、成功の鍵は単に「参入するタイミング」ではなく、その「取り組み方」にあるからです。

TikTokやYouTubeで公開されている無数の動画を見渡すと、成功していない動画の多くには共通点が見受けられます。それは、「皆がやっているからやってみよう」という軽い気持ちで取り組んでいること。そして、他人の成功を単純に模倣している点です。確かに、何かをはじめる一歩として、模倣は悪くありません。しかし、その後のステップで独自性を見失うと、結果的に似たような動画の中に埋もれてしまいます。

真に大切なのは「何をするか」よりも「何のためにするのか」という疑問への答え。つまり、目的意識です。これを明確に持つことで、自分の動画や投稿が持つべき方向性やメッセージが鮮明になります。そして、そのメッセージを伝えるための戦略をしっかりと立てることが、今後のSNSでの成功への鍵となります。

逆に言えば、この「目的意識」と「戦略」がしっかりとできていれば、SNSへの参入が遅いということは絶対にありません。初めての方も、再挑戦を考えている方も、じっくりとこの二つのポイントに取り組んでみてください。それが、あなたのSNS活動を次のレベ

ルへと導く第一歩となるはずです。

その道は容易くはありませんが、それだけに達成感も大きいものとなるでしょう。新しい挑戦を恐れず、戦略を持って進んでいけば、きっと花開く瞬間が訪れることでしょう。また、ひとつの戦略がうまくいかなかったとしたら新たに練り直し続けてください。

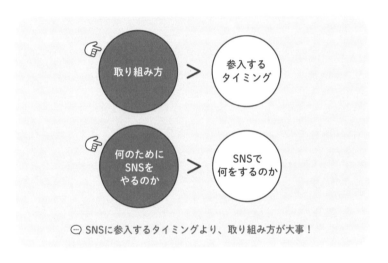

☺ SNSに参入するタイミングより、取り組み方が大事！

TikTokの意外な効果

✔ TikTokで得られるビジネスメリット

　TikTokの効果というのは人材採用でとても効果があります。弊社の場合、募集をかければ数百人も応募が来ます。大手の求人サイトに求人情報を出すよりもずっと効果的です。人手が必要な時期に公募すれば、求人サイトよりもTikTokで募集をかけた方がたくさんの応募がある可能性があります。

　私たちもTikTokフォロワーが1万3000人ほどのときに人を採用しようという話になったことがあります。しかし、採用はひとりでいいのにTikTokで募集したところ何百人も応募が来てしまい、送ってもらった履歴書を読みきれなくなるほどでした。

　ただし、仮に100人応募者が来たとしても、彼らの質は担保されないので注意が必要です。本当にバラエティに富んださまざまな職歴の人が来てしまいます。

　このとき出した求人は建設の現場管理とSNSの運用ができる人材だったのですが、私たちの会社で料理動画を出していることもあって、「料理人です」という人が来たのにはびっくりしました。もち

ろん、「料理ではなく動画編集できる人が欲しいのです」ということでお断りしました。それ以外だと、「一芸を持っています」という人が来ていました。応募者の質は問えないので、その点はご注意ください。

それに加えて、不採用の人たちには全員ひとりずつ連絡しなければならなくなります。応募者がたくさん来すぎるのも考えものです。SNSで活動している以上、イメージ商売でもあるので、きちんと連絡しないことで相手に過度な期待を持たせてしまったり、不安を抱かせるなどしてご迷惑をおかけすることは避けなければいけません。

そんなこともあって、TikTokで求人募集すると、たくさん応募があってその対応で仕事が回らなくなる恐れがあります。

公募しようと思ったらいくらでも人は集まってくると思います。特に、若い人を採りたい場合は、さらに効果を発揮します。

✓ ユニークな人材採用法

前の項目で、人材採用に関してはTikTok経由ではなく紹介で採用したとお話ししました。今回はユニークな方法で採用したのでご紹介します。

採用に関しては、多くの企業や団体がさまざまな手法を取り入れています。最近では、TikTokをはじめとしたSNSプラットフォー

ムも採用の場として注目されています。

　しかし、私たちの会社では、あえてTikTokを使用するのではなく、異なるアプローチを選びました。

　動画クリエイターの採用について、長い間悩んでいました。一般的に考えれば、適性試験や面接など、従来の採用方法を経て人を選ぶのが普通です。しかし、クリエイティブな分野である動画制作では、従来の方法が必ずしも良いとは限りません。

　そのため、SNS専門で動いている鈴木に、彼が信じる「これだ！」という人材を見つけてくることを依頼しました。冬のある日、私は彼にこのミッションを伝えました。

　それから、彼は多くのクリエイターたちを見て回り、ついにひとりのフリーランスのクリエイターを見つけてきました。私もそのクリエイターの作品や姿勢を見て、彼こそが私たちのチームに必要な人材だと感じました。

　効率的な会社運営は、成功の鍵と言えるでしょう。そして、そのためには、適切な人材を適切なポジションに配置することが絶対に必要です。

　私は、この会社のリーダーとして、最も重要なのは「やりやすい環境を作ること」だと考えています。そのため、社員に対して、彼らがやりたくない仕事を強制的に押し付けることはしません。方針として、社員ひとりひとりの得意分野や興味を尊重し、それに基づいて業務を任せるようにしています。やりたくない仕事はきちんと

「その仕事を断る」という決断をしなければならないと考えています。

　私たちの組織は「断るビジネス」を重視しています。ビジネスの世界において、すべての仕事を受け入れることは最良とは限りません。質の高いサービスを提供するために、時には適切な判断によって仕事を断ることが必要なこともあります。それを実現するためには、会社の大きさや人材の質を適切に保つことが不可欠です。

　ビジネスの中心は「人」と「信頼」です。どれだけ技術が進化したとしても、結局、人の力がなければビジネスはできません。私たちの組織の成功の背後には、メンバーそれぞれが持っている独自のスキルや経験、才能、そして熱意があります。

　新しい人材を迎え入れることで、私たちのチームは多様性を持ち、それぞれの強みを活かすことができます。例えば、新たに採用したクリエイターは写真に関するスキルが非常に高く、これまでのチームにはなかった新しい風をもたらしました。

　その他のメンバーも、自らのスキルを持ち寄り、組織の成果を向上させています。それぞれが異なる役割を持ち、それぞれが専門家としてその役割を全うしています。これが私たちの「完全分業」の原則です。この原則のもと、組織の運営や業務をスムーズに進行することができます。

　私たちは常に学び続ける必要があります。SNSの世界も日進月歩の進化中です。会社の運営方法やビジネスモデルは、時代や環境に

よって変わっていくものです。

　今の時点で最良とされる方法が、未来においても最良であるとは限りません。そこで私たちが重視しているのは「柔軟性」です。

　新しい情報や技術、トレンドに対して素早く適応し、必要に応じて方針を変更することができる組織を目指しています。

　私たちの会社における最大の価値は「人」です。私はメンバーひとりひとりの成長や幸福を最優先に考えています。それが、結果として会社全体の成長や成功につながると信じています。

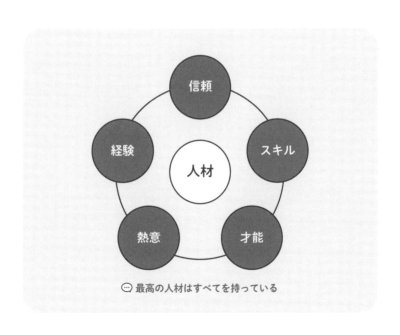

☺ 最高の人材はすべてを持っている

ご縁を大切にすることで最高の人材を得た

　私たちの会社でSNSを全面的に運営してくれている鈴木啓太との出会いは、知人の紹介です。私は、委託しているYouTubeの制作会社から手を引きたいと考えていました。しかし、YouTubeは続けたいという状態でした。それなら内製化した方が、賃金も安いし作った動画は自分のものにもなるので一挙両得だと思ったのです。作った動画は、著作権的に制作した会社のものになってしまうことがあります。それなら編集も企画云々も、そこまでの余裕もなかったので、とりあえず動画編集ができて、それまで作っていた動画のフォーマットをそのまま受け継げる人を探してほしいと知人にお願いしていたのです。するとその知人の紹介で鈴木と会うことになりました。

　鈴木は、新卒で建設の会社に入社しました。営業で入ったけれど、すぐにそこを辞めて、友達と一緒にYouTubeを1年半ぐらいやっていました。やっていくうちに自分自身がYouTuberになるのは無理だなと感じてやめることになりました。それなら職を探そうと考えていたときに、この話が来たのです。早速話を聞きに来てくれることになりました。当初はバイトと伝えていたので、軽い気持ちだったようですが、そこで正社員の打診をしたのです。「建設の仕事をしなくていいから動画を作ってほしい」という話をしました。怪しいと感じたようです。そんな会社あるわけないというよう

に。決め手は建設系も経験があることでした。私の中での保険は、動画制作がでできなくなったとしても、建設系の知識はある程度あるということでした。それと一刻も早く動画制作の委託会社と契約を切りたかったということもありました。

委託会社から手を引いた理由はお金です。動画制作は高額なので金銭的に厳しいけれど、続けたいという強い気持ちがありました。続けたいけれど続けられないというジレンマに陥っていたのです。

正社員としてひとり雇うよりも、委託会社の方が高くついてしまっていました。毎月70万円かかっていたのですが、それを社員ひとり入れることで半額程度になるのです。

また、委託会社に動画制作を依頼していたときに一番辛かったのは、私が建設業をやっているので、撮影のタイミングを取るのが難しかったことです。委託会社が岩手にあったので、彼らが私の会社がある仙台まで来るタイミングに合わせて、私は絶対会社にいなければならなかったので制約が多かったのです。ところが、編集ができる社員が社内にいれば、「今日時間空いたから1本動画撮らない？」ということができるので、自由度が増します。

そうなると、建設業の方も痛手なく、私も動き回れることになります。それは非常に有意義だと思ったので、絶対動画編集ができる社員を雇うべきだと思っていました。

鈴木を採用したのは、特に人間性を見たとか能力があるからということではなく、完全に直感だけです。

人とのつながりは直感で決めるようにしています。もちろん面接はしますが、顔つきを見て一瞬でも「嫌だな」と思ったら断ることにしています。仕事も同様で、最初に迷いが生じたものは絶対やらないことに決めています。逆に、ひらめいたらすぐに進みます。だから、鈴木も何が決め手ということではなく、直感で「こいつだ」と思ったから採用しました。

その出会いの場ができたこと自体がご縁だと思っています。それに巡り合わせてくれたからこそ、この人だと感じたわけです。その意味ではまったく流れに逆らっていません。あくまでも自然にしています。その流れにしたがって巡り合い、ご縁のタイミングが生まれたということです。

その流れに対して、鈴木がイエスと言ってくれたから今がある。ノーという可能性だってあったのだから、そこは僕の判断ではなく、彼に委ねたのです。

最初、鈴木と会ったときに何か感じるものがあったかというと、そこまで特別なことは別にありませんでした。「この人しかいない」ではなかったです。

出会う以前に、動画制作を内製化したいから編集ができる人が欲しいということで、いろいろな人に声をかけていました。しかし、なかなか良い人に出会うことができなかったときに、ひとり目として会ったので、「きっとこの人だろうな」と思っていました。

私は面接するときは何人もの人に会うのではなく、ひとり目で決

めることが多くあります。それは、この人がひとり目に来ること自体にご縁があると思っているからです。

　これまでご縁を大事にして生きてきました。巡り合わせというものはとても重要なご縁だと感じています。なので、まずどのタイミングで出会い、そのとき相手に対しよほど悪い印象を抱かなければ、それはご縁があることなので大切にしようと心掛けています。仕事上取引のある社長であっても、仲のいい人たちであっても、最初はそこからはじまっています。緩めな感じからのスタートです。

　建設業に携わって、20代からずっと建設現場の監督として大きな現場にいると、1日1000人ぐらいの人とお会いしなければならない状態が続いてきました。「この人どういう人なんだろう？」ということをスピーディに判断しなければならないのです。というのも、その職人さんの不備が全部僕の不備になるからです。そして、キーマンをすぐに探すことが重要です。配管屋さんならこの人だし、電気屋さんならこの人、基礎屋さんならこの人というように、人を読む力は、20代のころからずっと鍛えてきたのです。

　鈴木と会う前に、「ここの基準さえクリアすれば採用しよう」という枠を、自分の中でしっかり決めたうえで面接に臨み、採用することにしました。

　私は別に誰もが好きなわけではありません。人のことはすごく見るので、嫌いな人は嫌いです。出会いはまさにタイミングです。

　最初はバイトで来てということは鈴木に話していました。しか

し、会う約束をしてそれまでの間に当初決めていたラインを超えたと思ったとき、「じゃあ正社員でお願いします」と伝えようというシミュレーションをしていました。

　ですから、共通の知人が鈴木に「こういう風な会社があってさ」と言ったときには、確かにバイトという話だったかもしれないけれど、私の中では次に会うタイミングまでに正社員で採用した方がいいと思うようになっていました。

　これが本当に大正解でした。TikTokとYouTubeの運用でとんでもない活躍をしてくれたのですから。

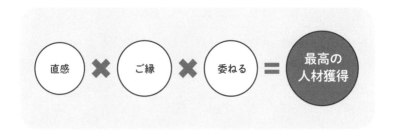

1章

なぜほとんどの会社は
SNSで失敗するのか

会社でSNSがうまくいかない
最大の理由と改善策

経営者と担当者の温度差が失敗のはじまり

　私たちはたまに企業に依頼されてSNSのコンサルティングをすることがあります。ものすごくうまく行く会社もあれば、取り組むことが困難で、何もせずに終わってしまう会社もあります。

　会社としてTikTokやYouTubeに取り組んでうまくいかない最大の理由。それは経営者もしくは決裁権を持つ上司と、動画制作を任命された担当者との間に温度差があることです。

　SNSをやったことのない社長さんや中間管理職の人たちの中には、TikTokやYouTubeなんて簡単にできると思い込んでいる人が意外と多くいるのです。

　そのため、若くてIT系に強そうな社員に「君、うちの会社のSNSをやってくれる？　お金出すからバズらせてよ」と気軽に任せることになります。任された社員は、ITに強いとはいえ、動画制作はしたことがないので、見よう見まねでとりあえず動画を作ってみます。しかし、上司からは「ちょっといまいちだなぁ」なんて言われて作り直しますが、そもそも経験もなく何をどうしたら良いのかわ

からずひとり途方に暮れてしまうのです。本来の業務もあるので、次第に動画を作ることからフェードアウトすることになります。

　ではどうすればいいかというと、上の人間がSNSを任せる担当者のところまで降りなければならないのです。社員側からすればどう頑張っても経営者と同じ目線になれないので、上に立つ人が担当者と目線を合わせなければならないのです。そのうえで、一緒に取り組む姿勢を持つ必要があります。正直いって、社員にSNSを任せっきりで自分は何もしようとしない経営者を見ていると「何かっこつけているのだろう？　自分も動きなさい」と思ってしまうのです。

　以前、コンサルティングさせていただいたスナックのママさんは、ご自身が売れるためにTikTokをバズらせたいと言っていました。自分でお金を出して自分でTikTokに出るので本気度が違います。

　経営者と担当社員との関係も同じです。経営者も社員と同じ目線で一緒になって汗水垂らして取り組まなければなりません。

　「経営や営業の仕事が忙しいから、SNSでバズらせるのはそっちでやって」というのは本末転倒です。経営者も上司も、経営や営業の仕事を加速させるためにSNSでバズらせようとしているのだから、お金も手間も時間もきちんと使わなければならないという意識を持たなければなりません。

　とても仕事ができる優秀な経営者でも、「SNSのことはわからないから任せるよ」といって任せっきりにするのは本当にもったいな

い。わからないなりに少しでも理解しようともしないのです。SNSが担当者に任せきりにせず、積極的に理解を深める努力をすることで、SNSの重要性や利点は徐々に見えてくるものです。

技術的なことではなくて、結局人間的な感性の部分や、視聴者さんから「いいね」ボタンを押してもらうにはどんな動画を作ればいいのか一緒になって頭をひねる姿勢が大事なのです。

私もSNSのことはまったくわからなかったので、鈴木と話していくうちに「人ってこういうところでワクワクして楽しむんだな」ということが見えてきました。また、自分自身でも他人の動画をたくさん視聴して、面白いものを見つけると、「なんでこの動画が面白いと思ったのだろう」と考えるようになりました。この発想が動画を作る際のヒントにつながるのです。

私自身、動画に出る演者側なので、どんな表情で動画に出るといいのか、声の強弱やトーンをどうすると受けがいいのかという感覚に自然に成長してきました。

「会社でSNSをやるのだったら経営者が全員動画に出るべきだ」とまでは思いませんが、出ないのだったらSNSに取り組んでいる社員に対してそれなりのフォローをしてあげる気持ちは持つべきだと思います。経営者や上司側が歩み寄って、同じ目線で密接に絡む努力をすることが、SNSで結果を出す第一歩です。

経営者の立場からしても、SNSを開始してどんな形で会社のお金が使われているのか気になるはずだと思います。そうなるとガッツ

リ一緒に取り組みたいと考えるのではないでしょうか。

　最初のうちはしっかり参加してくる経営者もいるけれど、時間が経ってくると「後はやっておいて」といって社員に任せてしまう人も多くいます。しばらくして「なんで数字が伸びないの？」など上から目線で言ってきて、「結果が出ないからこの事業はやめよう」ということになるのです。せっかくアカウントを開設して頑張って動画を更新していたのに半年も続かないで終わってしまうケースが本当に多い。最後まで経営者は社員と一緒にいなければならないのです。SNSは継続力が勝負を分ける世界です。

　ただ、経営者として継続力があるのは正解かどうかは微妙かもしれません。経営者は時には早い決断が必要と言われます。事業的に展望が見込めなかったら素早く撤退することも重要です。その点私は真逆で、淡々とSNSを続けてきました。「自分たちならきっと成功できる」と信じて継続してきたのです。

　うまくいったからこんなことが言えるのでしょう。「勝てば官軍」です。もし失敗していたら、決断せずにダラダラと同じことを続けたからダメだったんだということになっていたはずです。

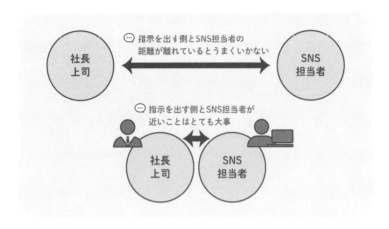

経営者こそSNSにどっぷり浸かれ

　これまでに何度かSNSを活用したビジネスセミナーの講師とし
てお話ししたことがあります。参加されている皆さんは、TikTok
やYouTubeを使ってバズらせてビジネスにつなげたいからいらっ
しゃっていました。

　毎回気になることがあるのです。参加者とお話しすると、全般的
に「軽い気持ちでバズらせたいと思っていない？」と感じるので
す。なんとなく他人事というか、部下にやらせようとしている経営
者が多いのです。

　以前大手企業に1か月ほどコンサルティングをさせていただいた
ことがありますが、現場と上司の温度感がまったく合っていません
でした。その現場で企画を考えて、撮影して、編集して完成すると

ころまでお手伝いしました。

「動画を作りました。確認をお願いします」と依頼すると、広報担当者から「お待ちください」といって、さまざまな部署に稟議を回すことになりました。数日、数週間待たされるのです。待たされている間に、現場の人たちも「まだアップされないの？」と次第にしらけてきてしまうのです。挙げ句の果てに「内容的に当社の規定から外れる箇所があるので投稿しないことになりました」とお蔵入りになることもあります。

こういう温度感だと、SNS担当の社員、広報担当者、コンサルタントといった現場の人たちがみんな困ります。SNSに対する思いの強さや勢いがそれぞれまったく違います。

経営者は「YouTubeお願いしますね、やってくださいね」と任せた社員に「昼休みにやって」とか、「空いた時間でやって」とか「残業してやって」と気軽に言うわけです。ならば経営者や広報担当者が、SNS担当者に作業するための時間を作ってあげるべきです。結局は、動画を出していくことに対して、対価を払うのは経営者だという認識があまりない印象を受けました。

本気でSNSに取り組むのなら、いっそのこと専門の社員を雇うぐらいの覚悟がないとバズらないことは声を大にして言いたいです。

また、SNSでバズるためには、経営者が社員にお金を気持ちよく使わせることです。

私は動画制作にかかるコストはノールックで鈴木に任せっきりに

しています。信頼しているからこそできることだし、SNSに真剣に取り組む私の覚悟でもあります。

　彼らはSNSなんて遊びの延長にしか思っていないのかもしれません。私たちの得た結果はそれほど難しいとは考えていないのかもしれません。

　彼らは栄光の部分だけしか見ていないのです。そこに至る長くて険しい闇の部分があることを知らないから、簡単に言えるのでしょう。

　SNSでバズるのはそれほど簡単なことではありません。

　経営者がどっぷり現場に浸からなければ決してバズらないでしょう。

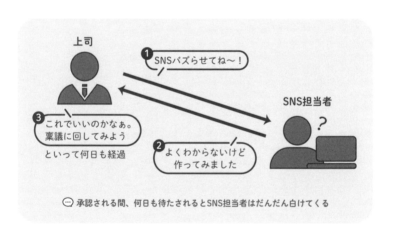

承認される間、何日も待たされるとSNS担当者はだんだん白けてくる

SNS担当者には全権を委任することがベスト

　SNSを運営するにあたって、経営者と担当者が一丸となって取り組むのは、会社規模が大きくなればなるほどやりづらくなるのは事実です。大きな企業だったらしっかりコンサルタントを入れて、映像制作会社に発注してきちんとキャスティングすることも可能でしょう。しかし、コストが非常に大きくなるので、本当に超大手に限定されるかもしれません。

　また、中小企業がSNSをする際にネックになるのは、社内にひとりでも会社がSNSをすることを嫌がっている人がいる場合です。SNS運営を任命された社員からすれば、それだけで居心地が悪くなります。外部から新しく採用されたクリエイターならともかく、大抵の場合、なんとなくSNSに詳しそうな20代の若い世代があてがわれる場合が多いです。仮に自分のSNSをやっていたとしても、自分で好きにできるのと利害が絡む会社のSNSで動画投稿をやるのとでは精神的なハードルは大きく異なります。ほとんどやったことはないけど、なんとなく触ってみたら動画は作れたということもあるかもしれません。しかし、彼はどうやったらバズるかわからないので、とりあえずインパクトのある動画を作ってみて上司に見せたところ「これを会社でやるのはどうだろう？」なんていうことを言われてしまったらどうでしょう。知識もなく、アイデアも乏しい中でひねり出して作った動画を否定されて、さらにアイデアを出せなく

なる。それが続いて、結局「何にもならないしお金にもならないからやめよう」となるまでが大体3か月ぐらい。そばにいないから担当する社員の気持ちがわからず、心無い言葉を投げかけて、その結果、担当者のモチベーションが低下して終わってしまうのです。

　社長が怖くて社員がものを言えない会社もSNS運用はうまくいきません。外部からどんなに優れたコンサルタントやブレーンになりうる人を雇っても、「社長から許可が下りないからダメだ」と、社長目線でしか考えられない社員が揃っている会社では、結果を出すのは難しいでしょう。

　SNSはいろいろな人たちに向けて発信する媒体ですから、社長だけにお伺いを立てているような人たちの会社では、多くの人に刺さるようなコンテンツは作れないでしょう。

　SNS担当の社員に発信内容の制作は全権を委ねて「何を作ってもいいよ」という形にするか、社長自身がその担当の一番の相談役になるかのどちらかしかないと思います。「この流れだと会社の方向性とズレるからもう少し変えてみたら？」と相談できる相手が、権限を持っている人でなければいけません。その人が決めたことだったら、社長はもう何も文句は言わないという状況でないとうまくいきません。

　こういった社長と担当者の関係を築くことができれば、SNSで成果を出せる確率は劇的に向上します。

　社長や決裁者は、会社のホームページにリンクされているブログ

を更新するのと、TikTokやYouTubeで動画コンテンツを作るのを同じようなものだと考えている人が多い気がします。動画を作るには企画力も技術力も必要だし、編集には時間と手間がかかるのでおいそれとは作れるものではありません。お金を出す側の意識が変わらなければ、社員に全権を任せ切れません。多かれ少なかれお金を投資するのですから、きちんと回収するにはどうしたらいいかという気持ちを持たなければならないと思います。

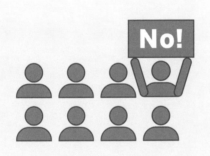

社内にSNSに反対する人がひとりでもいると、SNS運営を任された社員からすれば居心地が悪くなってやりにくくなる

✓ 片手間でやろうとするとうまくいかない

　小さい会社では、動画制作を任せられる社員がいない場合もあるかもしれません。

　そんなときには外部の映像制作会社に依頼することになるでしょ

う。私も最初のうちはお願いしていました。ただ、外注の場合は費用がかさむのと、時間が空いたときにすぐ撮影ということができないのが厳しかったです。

その点で、会社内で動画を撮影して制作できるような内製化は大事だと思います。このことは後の章でも紹介しますが、内製化して動画クリエイターや出演する役の社員を採用して、社内ですべて完結させることが必要です。

TikTokやYouTubeで成果を出している会社は、ほとんどのところで内製化しています。

私たちがコンサルティングに入らせていただいている会社でもうまく回るようになってきました。また、コンサルティング導入を考えないのなら尚更内製化を進めていく方が結果は出やすくなるでしょう。コンサルティングを利用する場合でも、内製化を視野に入れながら指導を受けると良いでしょう。

中小企業である程度社員がいる場合でしたら、動画制作専門の社員を雇うことをおすすめします。その人はTikTokにしてもYouTubeにしても「利益が生めないのだったら赤字部署になってしまう」という背水の陣状態でやっていれば、大抵うまくいっているように見えます。そういう追い込まれた状況下で、ある程度のリスクを背負って一緒に作っていくという意識がないと、SNSでバズって商品が売れるようになるという状況にはなかなかならないと思います。

中小企業の場合は、動画に顔を出すことを考えると、役職者が出役として制作していくのがベストです。役職者が語れば、片手間ではなくビジネスとして全身全霊で取り組んでいることが画面を通じて伝わってきますから。しかし、中には話すのが苦手な社長や動画映えしない社長もいます。「絶対に出ない」と言い切る社長もいるでしょう。その場合は、もちろん社員の中から出てもらうのが良いです。すごく面白い社員や動画に出るのにまったく抵抗のない社員に出てもらいます。

重要なのは社長や権限を持つ側は、制作者側の意見を潰すようなことをしてはいけないということです。

SNSを開始したらビジネスとして成立させたいということで、マネタイズ（収益化）を先に追いかけようとする人が出てきます。

しかし、マネタイズよりも先に、自分たちで作った動画を見てくれる人たちにどうすればワクワクしてもらえるかをまず前提に考えなければなりません。

マネタイズに関していうと、単純に広告費用として動画を考えることで、SNSの再生回数が増えれば無料で広告効果を出せたことになりますから、成果の一つと考えられます。

また、仮に動画を作ってアップして、思ったように再生数が伸びなかったとしても、営業資料の一つとして動画を利用するということができます。

そのコンテンツは会社の
モラルを超えられるのか

✓ どうすれば上司を説得できるのか

　会社でTikTokやYouTubeといった動画を配信していくにあたって、社長や決裁権を持つ上司にコンテンツを承諾してもらう必要があります。せっかく作った動画なのに、「これは会社としては出せないな」とボツになってしまうことが多いのです。制作した社員としては面白くないですが、会社としてNGだと考える上司の立場も理解はできます。

　逆に考えると、上司を説得できれば、面白い動画を配信していけるようになるのです。

　ここでは、私たちがTikTokとYouTubeを続けることによって得られた効果・メリット・利益などについてご紹介します。

　自慢をするようで恐縮ですが、私たちがこの実績を出すまでに要した時間は2年弱です。スタートして1年経った頃に大きくバズってそこから一気にTikTokのフォロワーが100万人を超え、その数か月後にはYouTubeでも登録者数が100万人を超えました。2022年には日本のYouTube年間ランキング急成長クリエイター部門で1位にな

れたのです。そのうえで、本業の建設業でも着実に売上が倍増しています。

　辛かったのは最初の1年間だけです。1年半頑張れば、驚くほどの成果を得られる可能性があるでしょう。

　次のページで私たちの実績を紹介したいと思います。

　実は、毎日地道に積み重ねるだけで、1年半もすれば、皆さんもこんな成果を手に入れられるんです。それどころか、もしかすると私たちの成果をさらに上回ることだって夢じゃないかもしれません。SNSにまだ迷っている上司がいたら、ぜひこのページを見せて、こう言ってみてください。「TikTokやYouTubeをうまく使いこなすと、こんな素晴らしい成果が出るんです」と。彼らがSNSの世界へ一歩踏み出すための、ちょっとした後押しになるかもしれません（表はあくまでも目安です）。

YouTube広告費用の流れ

種類	特徴	課金される条件
インストリーム広告	動画広告再生開始5秒でスキップ可能	30秒以上視聴した場合 広告リンクをクリックした場合
バンパー広告	動画広告再生開始6秒間スキップ不可	表示回数によって課金 （課金されるのは1,000回から）（CPM）
ディスカバリー広告	動画内ではなく検索結果上や関連動画上に表示される動画広告	広告リンクをクリックした場合（CPC）
マストヘッド広告	YouTubeホーム画面上トップに表示される動画広告	日数ベースでカウントして課金（CPD） 表示回数によって課金（課金されるのは1,000回から）（CPM）

YouTube広告配信業者に依頼した場合、一月2600万円程度の費用がかかる露出を実現できている。

■自社でYouTubeを運営した結果（2022年5月〜2023年9月）

YouTube総再生数	約11.3億再生
YouTube平均再生数	約6600万再生
広告収益	月平均200万円〜

TikTok総再生数	7.36億再生
TikTok平均再生数	4300万再生

※「TikTokはアナリティクスを2か月までしか遡れないため、現状の2022年5月〜2023年9月の動画の再生数を足したものになります。

本業（建設業）の業績効果	・県外の視聴者の企業様からの宮城県での物件の依頼の増加
	・地元企業からのご依頼多数
	・前年度比2倍の売上

その他
・案件収益　多数 ・地元テレビ局　4局出演 ・札幌コレクション出演 ・TikTok Creative Festival in SENDAI仙台出演 ・東北楽天ゴールデンイーグルス始球式 ・2022年日本のYouTube年間ランキング急成長クリエイター　1位

モラルとワクワクの境界線

　私たちが作っている動画は、エンタメに寄せていることもあり、「学生のノリで面白いことをやってたまたまヒットしただけでは？」と思うかもしれません。事実そう言われることもあります。会社の中で料理を作ってしまうのですからそう思われてしまうのもある意味仕方のないことだと思います。

　しかし、紆余曲折があって、最終的にこの路線にたどり着いたのです。

最低限のネットリテラシー

□他の人とのプライベートな内容の公開をしない
□個人情報、プライバシーの公開、事実と異なる内容の公開をしない
□誰かを傷つける行為、承認欲求のための過剰な演出をしない
□違法行為の暴露、他人の投稿批判などをしない

　SNSもリアルな人付き合いも基本的には同じです。企業としてのモラルとマナーを守りながら面白い動画を作っていくことがとても大切です。

　ただ、会社としての動画だからといって、がんじがらめにルールを決めてしまうと、内容が面白くなくなってしまいます。

　私たちは最初のうちは、会社を有名にするためにはどんなことでもやろうと考えていました。そこには常にクリエイターとしていか

に面白い動画を作るかを追求すると同時に、会社として出す動画としてどこまでモラル的に許容できるのかという攻防がありました。

例えば、いくら面白い動画だったとしても、迷惑系YouTuberがやっているような他人に迷惑をかけるようなコンテンツは会社としては絶対に出せません。あくまで会社のイメージを高め、売上を増やすためのSNSであることは決して忘れてはならないのです。

いくら会社を有名にしたいからといって、とにかくバズればそれでいいというのは会社としてやってはいけません。

会社として出す動画で大事にしたいのは「品」です。「品の良さ」とか「安心感・信頼感」という意味での「品」を大事にしていました。

私たちの動画は「会社で料理を作る」とか「社長にタメ口で話す部下」といった内容なので、一見ふざけているように見えるかもしれません。しかし、決して下品にはならないギリギリのところを常に攻めています。

そうはいっても、明確な基準があるわけではなく感覚値です。「この辺なら大丈夫だろう」という境界線をいつも模索しながら動画を作っています。正直なところ、撮影している最中はその基準を踏み越えるくらいの気持ちでいます。動画編集の時点で、境界線やコンプライアンスの調整をしています。そのうえで、これは行きすぎなのか行きすぎじゃないのかというのを話し合いながらやっています。

この、会社としてのモラルと面白さの境界線は、会社によって違ってくると思います。大事なのは、経営者や決裁権を持つ上司とSNS担当の社員がしっかり話し合うことです。

なんとなくの気持ちで上司に動画を作らされて、部下が作ったものを見て「会社としてどうかな」とか「面白くない」と言われたらせっかく動画を作った社員はやる気がなくなります。

どういう動画を作ればいいのかということを擦り合わせる作業が必要になります。だからこそ、同じ目線で話ができる関係が重要になってくるのです。

鈴木は、「動画は面白いことがすべてである」というタイプでした。動画制作側の立場で考えると、良い動画が作れて、登録者数や再生数がどれだけ増えたかがすべてです。だから、自分が楽しめる動画を作るところに立ち返るようにすると、長期的にクオリティの高い動画を作り続けられます。

一方で、上司や経営者といった動画を作るよう指示する側は、会社として出しても大丈夫な動画なのかということや、動画が収益にどのくらい効果があるのかという点を見ます。

お互い見ているところが違うので、それぞれの視点からバランスの取れた動画を作るのが理想です。

ただ、マネタイズを優先して考えると、面白い動画を作るという発想を抑えなければならなくなる傾向があります。「商品を売るための動画」「会社のブランド力を上げる動画」となるとありがちな

商品説明や会社概要的な動画になって、急激に面白くなくなってしまうことがあります。

　そこで私たちは一旦動画でマネタイズするのはやめることにしました。むしろトライアンドエラーでいろいろなことをどんどんやって、再生回数を上げて登録者を増やすことに集中しました。登録者も増えて動画の運用が安定してきたところで、マネタイズを考えるという順番をおすすめします。

　視聴者がどんなことにワクワクして面白いと思うかを追求した動画を作ることが、収益化につながります。

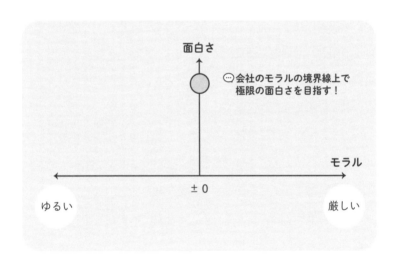

SNSはスピードこそ命

✔ 動画は社内稟議を通している間に古くなってしまう

　SNSでショート動画を出していくのであれば、マネタイズや組織だったところで社内稟議をいろいろな部署に回しているうちに時間が経ってしまいます。稟議自体が現代のスピードに追いついていけなくなってきているのです。書類が全部整って認可が下りた頃にはすでにその動画は、古いものになってしまっている可能性があります。

　企業に入ってコンサルティングさせていただいているときに、この問題がとても困るのです。稟議や決裁承認に時間がかかりすぎて、せっかく作った動画が古くなってしまって、リリースする頃には時代遅れになってしまうことがたびたびありました。

　また、大きな会社になると、動画の演者として社長や役員クラスの人が出ることはほぼありません。その代わりに動画制作の担当者が出ることになるので、その人たちが会社の代表として動画に登場することになります。仮に彼らがミスをしたらその人たちに降りかかるわけです。そうなると若い社員数名ではその責任は負えません。

それゆえに権限を持つ上司が「何をやってもいいよ」という中でスタートできないといつまでも承認されずに、あれダメこれダメとダメ出しばかりで何も進まない状況になるのです。ある程度現場に近いところに全権を委ねてその人に会社は賭けなければ、スピーディに動画を作って発信する体制ができません。そういった人材がいないと、動画制作を担当している社員たちは直接自分たちに賭けられていると思ってプレッシャーを感じるわけです。知識も経験もないから「賭けられても困るよな」と思うし、賭ける方も「本当に大丈夫かな」と疑心暗鬼になりながら任せることになります。この意識のずれによって上司も任された部下も不安の中で進んでいくので、うまく成り立たなくなる可能性が高くなり、動画配信が中止されるのも時間の問題になってしまうのです。

　社内の承認を通す作業が必要になると、撮りだめして編集まで終わって、配信できる状態になってから1週間以上かかったりするわけです。そうなると、流行遅れになってしまうことがあります。軽く時事ネタを盛り込んでいたら内容が古くなってしまったり、エフェクトの旬が過ぎてしまったりすることもあります。それだけSNSの世界は時間の流れが早いのです。大企業だと下手すると1か月以上かかってしまうこともあるでしょう。そうなったらその動画は出せなくなってお蔵入りしてしまうかもしれません。コンサルタントを入れて、社員も何人も動員してお金をかけたにもかかわらず結局形にならなかったということになってしまうのです。

そうならないためにも、中小企業でしたら経営者か現場の責任を取れる上司が腹をくくって、動画を作ったら出すことを数多くこなしてトライアンドエラーでやっていくことが成功への近道であることは理解してほしいところです。

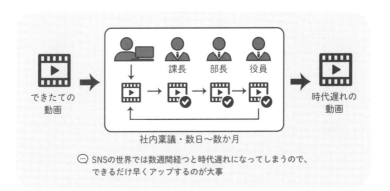

社内稟議・数日～数か月

😐 SNSの世界では数週間経つと時代遅れになってしまうので、できるだけ早くアップするのが大事

動画をスタートする前の打ち合わせにこそ力を入れよう

せっかく作った動画を承認するのに時間をかけすぎてお蔵入りにしてしまうのは、本当にもったいないことです。

社員をSNS担当として動画制作を開始したとしても、人件費はかかっています。にもかかわらず、その自覚がほとんどない経営者が多い気がします。

その一因として、動画に対して気軽に考えているように感じます。簡単にはじめられるから簡単に終わらせてしまっても気になら

ないのかもしれません。企業にコンサルティングをしていると、そのことがひしひしと伝わってきます。また、SNSに取り組むまでの本気度や決裁者とSNS担当者の間に温度差があってうまく進まないケースも非常に多いのです。

　ただ、社員に依頼して時間と手間を使ってやるのですから、コストがかかっています。そこをきちんと自覚して指示する側も本気になってください。SNSをやるなら事前にアカウントをどう成長させていくか、そのためには何をしていかなければならないのか。方向性を見定めたうえで、どんな動画を作っていくのかを考えていきます。動画は撮影さえできれば作れるものだというマインドではうまくいきません。事前に社内でしっかり打ち合わせして初めて成果が出せるようになるのです。

　私たちがコンサルティングをするとき、クライアントからは動画をバズらせることを期待されています。しかし、こちらの提案を聞いてもらえないようだったら、当然バズる動画もできません。最近ではSNSのコンサルティングもお断りさせていただくようにしています。

　動画を作って成果を出すには、内製化して自社内で完結できるしくみにすることが一番だからです。外部のコンサルタントや映像制作会社に任せっきりにして何とかしてもらおうというスタンスでは、おそらくうまくいかないでしょう。

似たような動画をパクればいいと思っていないか

✔ はじめたばかりの再生回数が少ないときの考え方

　SNSの動画配信をはじめたばかりのころ、多くの人が直面する初期の壁が立ちはだかります。再生回数が伸びない日々、フォロワーの増加も見られない、「いいね」も付かない、当然ファンもほとんどいない。この期間は、どんなに情熱を持って取り組んでも、簡単に心が折れることがあります。この段階で多くの人が挫折し、途中で撤退してしまうのが現実です。この壁を乗り越えるためには、忍耐強く取り組み続けることが求められます。

　多くの初心者が最初の段階で挫折を経験します。熱意を持って毎日のように新しい動画を撮影し、時間をかけて編集し、アップロードする。しかし、見返りとしての再生回数や新しいフォロワーは伸び悩む。この時期に「もっと早く成果を出したい」と焦る気持ちは自然なことです。また、「魔法の方法」があって一気にフォロワーを増やすことができるように思える気持ちもわかります。しかし、それはあり得ないことなのです。

　大切なことは、初心を失わず、そして継続することです。動画を

出す量を増やし続けることが求められます。ひとつひとつの動画に反応がほとんどなくても、常に改善し、次回の動画作成に役立てることが大切です。トライアンドエラーを繰り返し、どのような動画が反響を呼ぶのか、視聴者が何を求めているのかを実践を通して常に学び続けることが、長期的な成果につながるのです。

この過程を経て、自分だけの独自の動画フォーマットが見えてきます。それが固まってきたとき、これまでの経験や学びを最大限に活かし、よりクオリティの高い動画作りを追求できるようになります。続けることの難しさを理解しつつ、それでも持続することの価値を信じる。それが、TikTokやYouTubeを活用することでビジネスを成功へと導く鍵となります。

このような取り組みは、地味で時間がかかるものかもしれません。しかし、その先には大きな成果が待っている可能性があることを忘れてはいけません。動画作成の成功は、一歩一歩着実に進むことで、確実に目的地へと近づいていくのです。

TikTokやYouTubeでの動画配信をはじめて丸1年の段階では私たちのYouTubeアカウントはたった600人の登録者しかいませんでした。しかし、ある日を境に、驚くことに1日で400人もの新しい登録者が増加。それをきっかけに、まるで雪崩のように、日々1000人ずつのペースでフォロワーが増え続けました。そして、たったの3か月で50万人を突破するという驚異的なスピードでの成長を遂げました。

　では、その急成長の背後には何があったのでしょう。平日は週5回TikTokに動画をアップしていました。私が不在のときもあるので、場合によっては撮影日を設けて1日に20本を撮影するという日もありました。しかもまだバズる前でお金が回っていないため依頼のあった会社4社にSNSコンサルティングをしていました。各社の動画も制作して週5回上げていたので、合算すると月に100本も動画を作っていたことになります。その間、私たちの会社の動画は主に社長と部下の日常の会話を中心に撮影していました。しかし、ある試みを行うことにしました。それは、オフィス内での「料理動画」の制作でした。初めは単なる気軽な試みとしてはじめました。私がオフィスの中に隠し持っていたかっぱえびせんを盗んで食べるという姑息な動画でした。単純だけどなんだかワクワクするコンテンツが私たちのSNS活動におけるターニングポイントとなったのです。そこから会社内での料理動画というフォーマットで動画コンテンツを量産し、バズりを連発するようになりました。

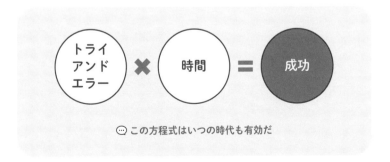

トライ アンド エラー ✕ 時間 = 成功

😊 この方程式はいつの時代も有効だ

2章

ビジネスが
圧倒的に変わる
SNSマーケティング
構築法

どちらを選ぶ？　TikTokとYouTube

TikTokを選んだ理由

　この章からは、少しテクニカルな話になりますのでSNS担当の鈴木が解説していきます。TikTokが日本でサービスをスタートしたのが2017年の10月です。当時から私はTikTokを見ていました。TikTokは最初から縦型のショート動画がメインで、スクロールで下にスライドして見ていく機能がメインのSNSです。

　一方、YouTube Shortsが日本で実装されたのが2021年の7月です。ショート動画だけで見るとTikTokの方がずっと早いのです。

　Instagramのリール機能自体も日本に実装されたのは2020年の8月です。ここでもTikTokと3年ぐらい差があります。

　とはいうものの、YouTubeの日本でのサービス開始は2007年6月からです。Instagramは日本では2014年からで、元々は動画よりも画像を上げるためのプラットフォームでした。

　TikTokがサービスを開始した2017年の段階で、YouTubeでの日本人のトップは「はじめしゃちょー」で550万人ぐらいのフォロワーがいました。Instagramでは芸能人の渡辺直美さんがフォロ

ワー700万人でした。元々そういう人たちがいるようなプラット
フォームでした。

　特にYouTubeは、チャンネル登録とおすすめ機能がついている
ので、優先的に元々フォローしている人たちの動画がYouTube
Shortsでも上がってくるわけです。そうなると、当時は素人動画と
いう域よりも既存のYouTuberがおすすめの大半を占めるため素人
が本当にゼロから参入するとなった場合に、やはり勝ちづらいプ
ラットフォームだったのです。

　それはInstagramも同様です。元々は写真がメインのものなので、
プラットフォームの中では、綺麗な人とか、かっこいい人とか、美
しい景色の写真、食べ物の写真とか、そういうコンテンツが多く票
を獲得していました。また、海外だろうが国内だろうがあまり関係
なく流入しているプラットフォームになっていました。

　そうなると、YouTube ShortsとInstagramでは、YouTubeの横動
画、Instagramでは綺麗な画像というように、ショート動画以外の
別軸で成立している人たちがすでにプラットフォーム内にいるこ
とになります。その状況で既存の人たちとプラットフォームのアル
ゴリズムで動画で勝負しようとしても、勝ちづらい状況がありまし
た。

　それがないのがショート動画のみのプラットフォームである
TikTokでした。先駆者がいないので、良いショート動画さえ作れ
ればトップになりやすいし、システム的にもフォローボタンが動画

内に表示されているため他のプラットフォームよりもフォロワーも獲得しやすかったのです。ただ、私たちがTikTokをやりはじめたころに比べて状況は変わってきて、既にサービス開始から7年目、TikTokにもTikTokerという実績をあげた人たちがいます。彼らと勝負するときに、自分たちはどういう形でやればいいかじっくり考えていかなければならないのは事実です。

✓ YouTubeよりTikTokが伸びやすいからはじめた

私たちがYouTubeより先にTikTokでバズったのには理由があります。もともとTikTokの方が機能的にバズりやすい性質があるからです。実は私たちは、YouTubeをTikTokよりも半年早くはじめていました。また当初はそれぞれ棲み分けをしていたのです。

TikTokではエンタメ系の動画を投稿していて、YouTubeでは建設業の真面目なコンテンツを出すというように分けた方が良いと考えていました。

私たちがTikTokで動画を投稿しはじめたのが2021年4月からです。当時はYouTubeのショート動画はまだ存在すらしていませんでしたが、TikTokのアルゴリズムとの性質を考えると、縦型のショート動画を作成した方が良いと思い、社長に提案し、投稿していくことを決めました。

TikTokはバズりやすく、YouTubeはファンがつきやすい

TikTokはマネタイズしにくいというイメージをお持ちですか？

SNSを運用する際には、マネタイズを考える前にまずバズることに集中した方がうまくことが多いです。もちろん、マネタイズを視野に入れ動画を作ることは大切ですが、動画が再生されていなければ意味はありません。

TikTokはアプリを開くと最初のページでおすすめ動画が自動的に表示されます。そのまま下にスクロールして、いろいろな動画を見ていく構造です。

「この動画面白い」「この人かわいい」と思って、15秒〜30秒の動画をすべて見切ると、同じクリエイターの動画や似たような動画や関連する内容がその後に続いていきます。

これがレコメンド機能です。レコメンドはすごく優秀で、基本的に視聴する人の好みを分析して興味のありそうな動画を表示してくれ、さらには自分が気がついていない好みまで判断してくれますが、周期があります。

気に入った人の動画をいくつも見ていると、しばらくはその人の動画が頻繁に表示されます。しかし、一定の期間が経つと、あまり出てこなくなります。そして、また忘れた頃に動画が出てきます。そのときに「あ、この人、久しぶりに見た」ということになるのです。つまり、視聴者は久しぶりに出てきた人の動画を見て初めて見

ていなかったことに気づくことになります。逆に言えば、見ていないことに気づかなかったのです。

このようにTikTokの場合は、スクロールすればすぐに次の動画へ簡単に移れるため、視聴者が感覚的に「なんとなく面白い」だけで見るになっています。動画が面白ければ比較的容易にバズりやすい仕組みになっていると言えます。

しかし、TikTokの視聴者はYouTubeのように投稿者やサムネイル、タイトルで動画を選ぶことがないので、ファンにはなりにくい。「バズりやすいけれどファンは付きにくい」という諸刃の剣的な側面もあります。なんとなく目に入ってくれば面白くて見てしまうけれど、ファンになるほどでもないのがTikTokで、YouTubeはサムネイルとタイトルを見て選んでもらうので、ファンを作りやすいことになります。視聴者がどのクリエイターの動画かを認識して選択することから、「このチャンネルが好き」と思ってくれる確率が高いのです。

マネタイズすることを考えると「このチャンネルが好き」と思ってくれるファンを取り込む必要があります。それができるのは、TikTokよりYouTubeということになります。

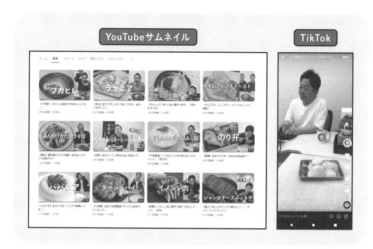

YouTubeサムネイル　　　TikTok

　だからといって動画を作った経験のない人が、お金にしたいから
といってYouTubeからはじめるのは難しいかもしれません。素人
でもバズりやすいTikTokからはじめて、試行錯誤して研究を重ね
て動画で発信する知見を蓄積する方が良いでしょう。モチベーショ
ン的にも再生回数やフォロワー数を増やしやすいので、長く続けら
れる可能性も高いです。

　そのうえで、自分たちに会いたいと思ってくれるくらいのファン
になってもらうには、ショート動画ではなく、長い時間の動画でも
しっかり見てもらえるようになることが重要です。

　ショート動画ではシチュエーションを見せて、一言パッと言って
オチをつければ動画として成立します。

　しかし、これでは一瞬面白いけれどファンになってくれるかとい

うと別です。

　ある程度短い動画の中でも、自分のパーソナリティだったり肩書きだったりをしっかり伝えて、「この人の考え方は好きだな」とか「この人のこういう掛け合いやキレのあるツッコミやボケが秀逸だ」と思ってもらえないとファンは増やせないでしょう。これによって少しずつ動画の尺を伸ばしてファン作りにつなげていく流れになります。バズることで再生回数が増えてフォロワーも伸びますが、ファン作りとは必ずしも比例するわけではありません。

　最後まで見てもらえる長い動画をコツコツと出し続けることがポイントです。

　ただ、まだ動画を作ったことがなく、これからSNSをはじめていく方がショート動画と一緒に長い動画を作るのは工数的にもすごく難しいと思います。この本では横の長い動画につなげていきやすいショート動画の作り方を解説していきます。

プラットフォーム	サムネイル・タイトル	視聴者の動き	仕組み
YouTube	あり	サムネで判断する	誰の動画かで見るか判断するので実績が重視
YouTube ショート TikTok	なし	再生して面白ければ見続ける	動画が面白ければ視聴維持率が上昇するのでバズる

YouTubeにアップする前提で
ショート動画を作ろう

ここ数年のトレンドの発信源はYouTuberやショート動画クリエイターという現象が多くなっています。ひと昔前は、流行はテレビから発生していました。しかし、現代はテレビよりもSNSでの流行が先行し、それをテレビやその他マスメディアが追随するというパターンも増えています。

それと同時に、YouTube にしてもTikTokにしてもショート動画をメインにしているクリエイターと、ロングの動画を主体としているYouTuberとの間にも乖離があります。影響力やマネタイズに関してもYouTuberよりショート動画の方がまだ弱いという点は否めません。

実は私たちはショート動画を軸に動画を作っていますが、頑張ればロング動画も見てもらえる位置付けの動画作りをしてきました。

ただ、SNSをはじめた当初は収益化もできていなかったので、会社の事業としてTikTokとYouTubeとどちらに力を入れるかとなった場合は、収益の出るプラットフォームを選択していました。YouTubeでは建設の真面目な内容を発信していましたが、視聴回数は全然伸びず、収益化に届かないので、まずはTikTokに注力することにしました。

2021年の4月からTikTok、2021年の7月にYouTube Shortsができたので、2021年8月からYouTubeにTikTokと同じショート動画を

アップしてきました。TikTokとYouTubeのバズり方を振り返ってみると、2022年4月末ぐらいから料理動画がTikTokで伸びはじめました。10日ぐらい経ってからYouTube Shortsのショート動画も再生数が増えています。

　その後進めていくうちに、YouTubeではショート動画だけではなく、一般の横に長い動画も見てもらうことが大事だと考えるようになりました。YouTubeでもショート動画だけ出していたら「ショートクリエイター」という位置づけなので、ある程度時間が長い横長の動画を見てもらうことを意識するようになりました。

　その点から考えると、ショート動画で勝負してきて、YouTubeの普通の動画でも頑張ろうと思って何かを変えるというのではなく、元々ショート動画の作りが横動画になっても見てもらえるようにパーソナリティをしっかり出していたことが功を奏したことになります。

　事実、ショート動画からYouTubeの横動画に移行しようとして失敗している人がたくさんいます。そうならないためにも、元々の動画作りを考えるときにきちんと戦略を立てて、どういう道筋でSNSを運用していくか考えなければなりません。

　例えば、TikTokで女の子がダンスをしている15秒の動画を作ったとします。これをYouTubeにアップしても見向きもされないでしょう。それが可能なのは有名人かめちゃめちゃ綺麗な人だけです。一般の素人さんはバズったとしても収益化は難しいし、

YouTubeの横動画へシフトすることも厳しいでしょう。

そのためにも、コンテンツを練って掛け合いだったりオチを作り込むように、元々のYouTubeでバズるために必要な要素を、最初のTikTokのショート動画を上げている段階で入れておくことが大事です。

会社として動画に取り組むとしたら、最終的にはマネタイズを意識しなければなりません。そのことを考えると、ショート動画からはじめたとしても、その先のマネタイズをしっかり意識しておかなければなりません。

😄 **両方のプラットフォームで通用するコンテンツ制作を意識するのが大事**

誰に何を見てもらうのかを
決めることの重要性

✓ なぜエンタメをやることにしたのか

「なんで建設の会社なのにエンタメの動画を配信しているのです
か？」と聞かれることがあります。

最初私たちは、建設に関する動画をYouTubeにアップしていま
した。しかし、再生回数も増えてこないし登録者数もまったく伸び
ない状態が続きました。このまま続けていてもらちがあかないこと
は明白でした。建設業に興味のある人は少ないし、作る動画も「い
かに正確に情報が伝わるか」だけを考えているものだったため、見
てもらうための工夫ができていない動画だったからです。やはり数
字的に伸びていかないとつまらなくなってきます。

そこでもともと私が個人的にやっていたこともあり、TikTokを
やってみませんかという提案を社長にしました。しかし、社長とし
てはYouTubeなら広告収入が見込めるけれど、TikTokだとマネタ
イズできないのではないかという疑問があったようです（当時は
広告収益もありませんでした）。しかも、視聴者は10代から20代前
半が中心のプラットフォームですから、建設業とはかけ離れてい

ます。「絶対に見込み客は見ていないよな」と思って、躊躇してしまったようです。

当時はいろいろなSNSを同時にやっていてやり尽くした感がありました。その中でInstagramのフォロワーが4000人ぐらいまで行きました。毎日建設に関する写真をアップしていたのです。しかし、そこで頭打ちになり、まったく増えなくなってしまいました。そこで建設に興味のある人は一定数しかいないことがわかりました。

Instagramは毎日建設業に関する写真や情報をアップ。

フォロワーが4000人で頭打ちになった。

現在のInstagramはフォロワー13万人超え
（TikTokやYouTubeから流入で増加）

せっかく動画をやっていくのなら、ガンガン数字を増やしていきたい。だったらニーズの多いところにしよう、ということで「エンタメって見る人が多いからフォロワーもたくさん増えるんじゃない？」という勢いで参入することになりました。

YouTubeの建設に関する専門チャンネルは続けながら、TikTokにエンタメ動画を投稿し、YouTube Shorts実装後にはYouTube Shortsにも同じ動画を載せることにしました。仕事につながるコンテンツをやめて面白そうな方に完全に振り切ってしまったわけです。どんなに有益でためになることを話していても、再生されないのだったら何の意味もありません。それなら惹きつける動画を作ろうじゃないかということです。そう考えたときに楽しくて笑える方がみんな見てくれると思いました。建設業のコンテンツを投稿することでマネタイズしていくという考えを一旦捨てました。実は後々わかることですが、このシフトチェンジが大正解でした。

ジャンルはともかく、知名度や認知度を上げることだけに注力することにしたのです。

エンタメ系に変更したとき、最初のうちはTikTokだけでやっていました。YouTubeにアップしなかったのは、会社としてのチャンネルだったからです。そこでエンタメ系に振ったら「ふざけた会社だ」と見られることを恐れていました。TikTokでは楽しい社長、YouTubeでは真面目な社長ということでキャラを分けたいと考え

ていたのです。

最初、TikTokではいきなりエンタメ全開で楽しい人という感じではなく、「変わったことを言う社長」という見た目を演出したいと思いました。ショート動画をはじめたころ、TikTokで流行っていた、起業家や経営者がちまたの時事ネタに対し独自の視点から鋭いコメントをしつつ最終的には納得させて「この人すごい」と思わせるという内容を参考にしたこともあります。

それが社長に合いませんでした。最初のうちは台本を作って進行していました。しかし、それだとなんとなく不自然な動画になってしまうのです。

社長に言ってもらいたいことと素の社長が噛み合わないことが見えてきて、この方法はやるべきではないと考えました。気づいたのは「社長はいじられるのが好きなんだ」ということです。そこで「部下が社長をいじる」というスタイルができてきました。

演者として動画に出る人の特性を見て、そこに合わせることも長く続けていくには大切なことです。この内容につきましては、4章で詳しく説明します。

たまたま私たちはエンタメに振り切ることで活路を見出しましたが、別のジャンルでも花開くことは十分あります。動画を作り続ける過程でどういったジャンルがいいのか、どんなコンテンツが自分たちにぴったり合うのかを考えながら作っていくことです。そのプロセスから必ずしっくりするスタイルが見つかるはずです。

SNSマーケティングの注意点

マーケティングは感覚を研ぎ澄ますことを優先する

　SNSで動画コンテンツを配信していくうえで結果を出していくには、マーケティング的な発想を持つことはとても大切です。

　わかりやすいところで言えば、再生回数や「いいね」数、コメント数、コメントの内容、離脱率、視聴維持率は常にチェックします。これらを見ていくと、動画の良し悪しが見えてきます。

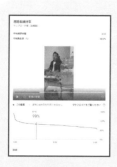

←YouTube視聴維持率

↓視聴回数、コメント数、いいね

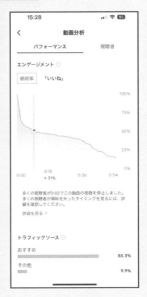

TikTok継続率

また、視聴者の動画の好みも見えてくるので参考になります。

ただ、確定的なことはわからないのであくまで参考程度にチェックするくらいに留めておく感じで良いです。

それ以上に、自分の感覚を研ぎ澄ませる方が大事です。数字を見ながら、「なんでこのシーンの離脱率が高いのだろう」とか「どうしてこの動画のコメント数が多いの？」と疑問を持つといろいろな要素が見えてきます。「ちょっと社長がネガティブな表情だったからかな」とか「このワードが視聴者に刺さったのかもしれない」と

いうように反すうします。この考察を次の動画制作に反映していくことで、より質の高い動画を作れるようになります。毎回動画を作るたびに続けていくことで、ある日突然バズるという現象が起きるわけです。

ただ、感覚を研ぎ澄ませることが大事だといっても感覚的な部分なので、人それぞれだと思います。私自身、言語化しきれていない部分でもあるので、実践してつかみとっていただくしかないところです。

なぜこんなことを言うかというと、私たちはバズりを連発して再生回数を増やしていくには、「再現性のないコンテンツ」を目指してきたからです。再現性があるコンテンツはすぐに真似されて、誰でもバズれます。誰でもバズれるということは誰でもいいのです。それではファンになってもらえないので、再現性がないコンテンツを目指しました。再現性がないのだったら別に言語化できなくてもいいじゃないかと思っていたので、なかなか言葉にしていませんでした。こうやって本を書いたりセミナーで話したり、コンサルティングでお客さんに伝えるときに困るのですが。

究極は自分だけが再現可能なコンテンツであれば、自分が何回も同じことができます。その要素を自分の中で持っているけれど、ただ人が真似しようと思っても真似できないものを作るべきだということです。だからこそ、オンリーワンになることがSNSでは必須の条件になる。そのためには再現性のない動画を作り続けなければな

りません。

　実践の中から見えてきたものを動画に盛り込み続けていくプロセスこそが最高の動画を作る秘訣になります。これは言葉で教わるものでなく、体得しなければならないものなのです。

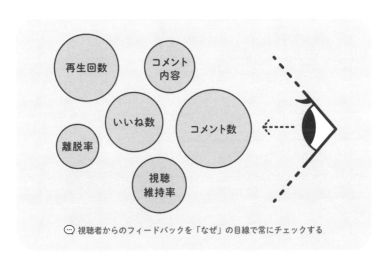

☺ 視聴者からのフィードバックを「なぜ」の目線で常にチェックする

何のためのSNSなのか

SNSで何がしたいのかを決めよう

　SNSで動画を作っていくうえで、何を目的とするかを明確にするのはとても大切です。

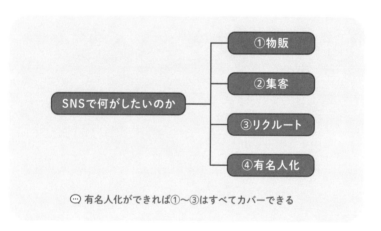

☺ 有名人化ができれば①〜③はすべてカバーできる

SNSで何がしたいかを決める場合について考えていきましょう。

SNSで動画を発信していくうえで、大きく4つの目的に分類できます。

「物販」「集客」「リクルート」「有名人化」です。

1　物販

まずは「物販」について解説します。

自社製品を自社HPやECサイトから販売することをメインの目的

としています。個人の場合はアフィリエイトとして活用する場合も多いです。構造としては1番単純で、イメージとしては、自社の商品のCMを自社で作成し自社のアカウントから発信していくような考え方です。

　動画として一番一般的なのは、自社製品の使い方や特徴、メリットを紹介していき、それをオリジナリティや完成度などで差別化を図っていく構成です。専門家の意見や、実際のユーザーの体験談を盛り込むことで、信憑性が上がりますし、質問や疑問の声に答えていく動画も多くあります。

　CMと効果はほぼ変わらないので、一本の動画で多くの興味を引くことができれば、アカウント自体が伸びなくても、購買につなげることができるので、アカウント運用としては、比較的ハードルの低い目的になります。

2　集客

　主に、飲食店や美容室、レジャー施設など来客の増加や、短期的なイベント、セミナー等の集客を促すために用いられます。

　施設や店舗のPRの場合、建物やサービスの魅力を紹介していき、集客を促すのが一般的で、CMに近い考え方です。そのほかに、動画に登場する「人」にファンを付けて、その「人」に会ってみたい、その「人」が作るものを食べてみたいと視聴者に思わせることで、集客につなげる手法も、よく使われています。

3 リクルート

　中小企業から最も重宝されるのがリクルートです。最近では企業でエンタメ系のSNSを運用していることも珍しくなくなってきています。その中で、SNSを通しての人材採用は非常に費用対効果が良いとされています。

　これまでは説明会や、インターンなどでしか会社の雰囲気というものはわかりませんでしたが、SNSを通して、「会社」を露出させることにより、多くの人に会社の雰囲気を伝えることができます。動画の中で、会社の雰囲気や、社長、部下の人柄、業務の一部などが垣間見え、この会社で働きたいという意欲につながります。

　私たちは「会社で料理」というコンテンツを投稿しており、少なからず視聴者に面白いと感じていただいています。その視聴者の中には「今の会社より楽しそう」、「この会社で働いてみたい」と感じる方がたくさんいて、採用活動をしていなくても、HP等に面接依頼などが届いています。

　現在、企業の採用コストはひとり当たり90万～100万円となっています。SNSを通して複数人の採用を行うことができれば、今までより、格段に採用コストを抑えることができます。

4 有名人化

　最後の「有名人化」は、時間と手間がかかります。ちなみに、「物販」「集客」「リクルート」「有名人化」の順に難易度が高くなっ

ていくので、「有名人化」がもっとも難しいです。

　私たちがYouTubeとTikTokでやったのが、この有名人化です。動画を通じて徹底的に社長の知名度を上げて有名人に仕立て上げることに集中していました。

　どこを動画配信の目的に設定するかは会社によって違ってくると思います。ただ、有名人化を成し遂げられると、驚くほどの良い変化がもたらされることは保証します。

　「有名人化」についてはさらに次で詳細をご説明します。

有名人化を目指そう

　動画に登場する人を有名人化しようと思ったときに、絶対に必要なのが「視聴時間」です。そのためにはYouTubeの横動画への移行を目指さなければなりません。より多くの人の時間を占有できる人が有名人化しやすいのです。

　視聴時間を延ばすために大事なのは一発の大きなインパクトではありません。その人の醸し出すキャラクター性やトーク力といった視聴者を惹きつける力が必要になります。どの動画でも常に面白い人になる必要があります。インパクト重視ではなく面白さの追求です。面白さを追求するとどうしてもトークを磨いていかなければなりません。そうしないと視聴者の時間をより多く占有できないのです。

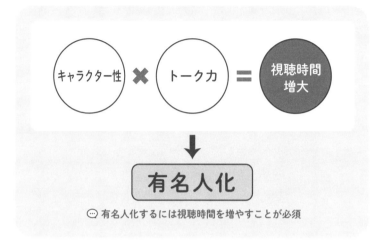

😊 有名人化するには視聴時間を増やすことが必須

　動画の入りからオチまでの一連の流れのフォーマットを丁寧に作っていった上にトークを入れていくと、ある程度の時間の尺が必要になります。ショート動画にまとめたとしても、60秒近くかかることも多いです。そうしておくと、YouTubeの横動画を投稿したときに「長い動画も面白いかもしれない」と期待感が高められます。例えば、1分の動画を見てくれる人なら、1分半の動画も見てくれるだろうという予測が成り立ちます。そこを意識して、これまで1分程度の動画を作ってきた部分もあります。

　TikTokでバズっている動画の中には、インパクト勝負のものもたくさんあります。私から言わせると、インパクトだけだったら短い時間で終わってしまうので、YouTubeである程度の長さの動画にシフトすることは厳しいでしょう。女の子が踊っている動画は15

秒～30秒だったら見られますが、長い動画を見てもらうための期待感を生めていません。

TikTokでバズれる動画でも、YouTubeでは通用しないのは、動画時間を延ばしたときに飽きさせない力がないからです。ここに有名人化の成功がかかっています。そのためには出演者のキャラクター性やトーク力がどうしても必要になるのです。

また、キャラクター性やトーク力向上以外に有名人化を実現するには、徹底的に再生回数を増やすことです。そのためにも質の高い動画作りをするのは不可欠でしょう。

そうなるとやはり出演者のキャラ作りとトーク力を強化して質の高い動画を作るのがベストになります。

最近の私たちの試みでは、これまでTikTokやYouTubeショートでやってきた料理動画にトークを長めに入れることで4～5分程度の動画を出すようにしてきました。TikTokやYouTube Shortsでは200万～300万回ぐらい再生されますが、この長めのYouTube動画では20万～30万回の視聴回数になります。それでもある程度は再生されることがわかってきました。

少し長くても再生してもらえる、面白いと思ってもらえることが有名人化につながり、広告的価値の高い動画と言えると思います。

3章

SNSでバズらせる確率を
劇的に上げる秘密の
準備（発想力の鍛え方）

再生回数を増やすことが
目的ではない

✓ バズるために大事なこと

　動画をバズらせることはとても大事なことです。バズることで再生数が一気に増えて登録者数の増加に直結するからです。再生数が伸びずに誰も見てくれないような動画を量産し続けることほどしんどいことはありません。そこでいかに手っ取り早くバズる仕組みを作れるかと考えることは悪いことではないでしょう。しかし、バズることに集中するだけでなく、「バズった後にどうなりたいか」を明確にすることが一層重要になります。

　ここで目標を見出す方法を紹介します。TikTokでもYouTube Shortsでもどちらでもいいですが、気になる人やすごいと思った人を数名挙げてみて、彼らの動画を最初から順番に全部視聴してください。どういう遍歴があって、現在にたどり着いたのか見えてくるものがあります。コンテンツの内容の移り変わりや登録者数、再生回数の変化を見ることで、どんなことを考えていたのか少し感じることができます。自分たちがこれから歩みたいと思っている道にはどんな歴史があったのか？　その歴史を経て、どのようなファンが

ついていて、世間からどう見られているのかしっかり見極めることで得るものがあるはずです。そんな人の動画を少なくても3名分ぐらいは視聴してみてください。この作業をすることで、自分たちがバズった後にどうなりたいかがはっきりするはずです。

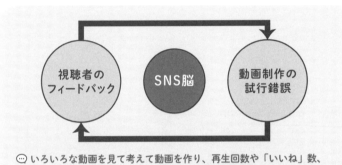

☺ いろいろな動画を見て考えて動画を作り、再生回数や「いいね」数、コメントなどのフィードバックを解析して次の動画に反映していく。この繰り返しでSNS脳は作られる
※「SNS脳」についてはP132で詳しく解説します

SNSで何をしたいかということを考えて、仮に今回は集客することが結論だったとした場合、そこに対してどんなマーケティングをしていくのかを考えることになります。そのうえで、具体的に行動していきます。このマーケティングの部分は専門業者に外注してしまう会社も多いのですが、自分たちだけでもある程度マーケティングが行えるように解説していきます。

まずはTikTokをやっているある程度世間に認められているクリエイターの中で、好きな人・気になる人・今伸びている人を定点観

測（ベンチマーク）の対象に選びましょう。よく知らないけれど、聞いたことがあって影響力があるインフルエンサーでも良いです。彼らの動画を一番最初から順番に見ていきます。過去にどんな動画を配信してきて、コンテンツをどのように変化させ、今にたどり着いたかのかをトレースします。これが動画を作っていこうとしている人にとって未来の歴史です。これから同じようなルートを進むことになるので、先取りしてチェックしてください。

💬 目標にしたいクリエイターの動画は最初からひとつひとつ順番に見て歴史をたどっていこう

　ベンチマークの対象とした人がやっているTikTokだけでなく、YouTubeやInstagram、X（旧Twitter）といったSNSを一通り観察して、自分がSNSで何をしたいかというところにたどり着いているのかをまず見てみます。どのクリエイターを見ればいいかわからなければ、まず私たちの動画の遍歴を順番に見てください。

　動画を視聴するときに気にしてほしいのが、カット数の多さで

す。カット数が多いクリエイターは伝えたい意図を盛り込んで動画を編集しているパターンが多いので、編集なしで動画をアップしている人に比べて完成度が高い傾向があります。ベンチマークしている人たちについても、初期の頃に比べて最近はカット数の増減があるし、どこを切り取っているのかを見ていくとコツみたいなものに気づく可能性があります。

✔ 視聴者がどう思っているのか感じ取る力とは

　動画がある程度再生されるようになった後、視聴者が私たちにどのような印象を持っているかしっかりと感じ取っていかなければなりません。

　といっても何かを狙っていたわけではなく、自分と同じ年齢層を意識して撮影し、編集していたところしっかりターゲットの心をつかめたということです。

　端的に言うと、自分たちにとって心地良いターゲットにリーチすることが大事だと思います。というのも、その方が楽しめるからです。逆の言い方をすれば、私たちが面白いと思ったものを作ったら自然と同年代の人たち中心に響いたということです。

　出演者である社長が40代で、制作している私が20代なので、自然と広いターゲットへアプローチできたのです。TikTokというと10代から20代前半の視聴者が多い印象ですが、私たちの動画は20代後

半から40代までの若干上の年代を広く対象にしているわけです。

　自分たちが含まれる年齢層を対象にしていることもあって、作りやすいのです。

　その点を考えると、必ずしも対象にするターゲット像やペルソナを明確にするというマーケティングの定石にしたがう必要はないと思います。それよりもいかに楽しめるかということを重視した方が楽しいから長続きもしやすいです。そうなると大抵ターゲットは自分たちと同年代になることが多いと思います。20代なら20代、30代なら30代、40代なら40代というように。

　そういったすべてで、視聴者の反応を見ながら改善点を洗い出していって、より良い動画作りをしていくことが大事です。

　動画自体の方向性に関しては、こういう食材を使って料理して、どのように料理を見せたら良いかということも「こういう見せ方をしたら受けるな」ということを計算していました。加えて、トークの内容や見せ方に関してもあらかじめ「こういう話だったら面白い」と考えていました。

　動画全体の時間と、料理の時間、トークの時間の割合といったことの見せ方についてもハマった感はありました。

　コメントを読んで、視聴者がどのようなことを考えて動画を見ているのかを考えたことはもちろんあります。そのうえで、客観的に自分たちがどう見られていて、配信する動画に対して視聴者がどう思っていて、どの年齢層が反応しているのかということをひとつひ

とつ把握しながら最適なコンテンツを提供していくようにしましょ
う。

自分たちと同年代の
心地良いターゲットを狙う → わざわざ視聴者の
ターゲットを考えなくて良い

自分たちと同年代に向かって発信すれば心地良い情報発信ができる。
しかも無理にターゲット像を考えなくても良い。

動画を作る際に大事な「フォーマット」を自覚しよう

✓ 動画のフォーマットを作るためのしくみ

　動画を作っていくうえで、大事なのがフォーマットを作り出すことです。

　いかに良いフォーマットが作れるかがバズり続けて再生回数や登録者数を増やす鍵になります。

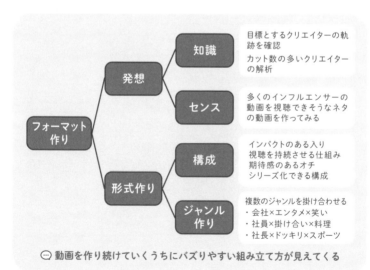

	知識	目標とするクリエイターの軌跡を確認 カット数の多いクリエイターの解析
発想		
	センス	多くのインフルエンサーの動画を視聴できそうなネタの動画を作ってみる
フォーマット作り		
	構成	インパクトのある入り 視聴を持続させる仕組み 期待感のあるオチ シリーズ化できる構成
形式作り		
	ジャンル作り	複数のジャンルを掛け合わせる ・会社×エンタメ×笑い ・社員×掛け合い×料理 ・社長×ドッキリ×スポーツ

☺ 動画を作り続けていくうちにバズりやすい組み立て方が見えてくる

最初にSNSで何をしたいのかを明確にします。商品を売りたいのか、人を集めたいのか、採用したいのか、有名人になって知名度を上げたいのか。

何をするか決めたら、2つのやることがあります。ひとつは形式（フォーマット）作りです。

フォロワーを何万、何十万という単位で増やしたり、アカウントの広告的価値を高めていくためには、一度大きくバズるだけではなく、コンスタントにバズり続けるということが必要になってきます。そのためには、アルゴリズムに対して優位をとり続けられる「フォーマット」が必要になってきます。私たちの料理動画の場合は、食材や調理器具を音を立てながら出し、社長が「おいおい」と突っ込むインパクトのある入り、調理工程や合間のトークなどの視聴を継続させる仕組み、最後に社長をいじるオチを持ってきて動画の最後まで期待感を持たせる仕組み、そして料理やトークの内容を変えればシリーズとして視聴者を楽しませることができる流れになっていること。この一連の流れを「フォーマット」と呼んでいます。

僕らの「フォーマット」については4章で詳しく解説します。

フォーマット作りは動画が伸びるまで続けていくしかありません。動画ごとに解析を行い、反応が良かったと思われる要素を組み合わせて、次の動画に反映する。

この繰り返しをひたすらしていくと、うっすらと「こういう流れ

で動画を組み立てるとバズりやすい」ということが見えてきます。その域に達するまでは、時間と手間をかけて動画を作る数をこなしていかなければなりません。

そのうえで、どうすればバズるかを考える作業に入ります。バズっている動画を見て、1秒単位で絵に書き落としてみるのです。そこに何が映っていて、どういう要素のテロップが入っているかをつぶさに考察していく。この作業を何回もやっていくと「バズる動画の条件」が見えてくるでしょう。

✓ バズるための勉強法

どのようにバズりたいか、バズった後にどうなりたいかを見つけることができたら、実際にどのような動画を作っていくか、考える必要があります。すぐに動画の構成を考え、思いつくことができれば問題ないのですが、なかなかうまくいかないことが多いかと思います。

ここでは私が実際に行っていた、動画構成の勉強の方法をお伝えします。

まず、カット数が多い、独自のフォーマットを持っているショートクリエイターを探します。そのクリエイターの再生数の多い動画を何本かピックアップします。その動画を1秒ごと、または1カットごとに止め、画面に何が映っているのかを書き出します。顔の位

置、テロップの内容、効果音など、その1秒、1カットにどんな意味を込めているのかを分析します。

この作業を繰り返していくと、「バズる動画の条件」が見えてきます。

例えば、カップ焼きそばを食べる動画を作るとします。その中で、カップ焼きそばを湯切りするシーンがあります。そのときに手元を映すのか、その人の顔を映すのか、全体を引きで映すのかで意味合いが違うのです。

湯切りの手元を映しているということは、フワーッと湯気が上がってお湯が流れるシンクの音、そういう状態の美味しそうだなと思わせるところを見せたいとか、それを待ちきれないような顔をしているニコニコの表情を映したいのかによって、視聴者に何を思わせたいのかが変わるわけです。

また、湯切りというテロップをどこに入れるか。手元のアップに「湯切り」と入れたら説明的ですが、顔のアップのときに筆の書体で入れたら間抜けっぽくて面白く見えます。必ずしもこのように感じるわけではないかもしれませんが、そういった違いがあることを感じて、ここで何を映していて、何のテロップをどのように入れているかを見ることで、どんな意味が込められているのか理解していくことが大事です。

特に、動画は開始1秒1カット目の「入り」が非常に重要です。バズっている動画はインパクトのある入りをしていることが多いで

す。そのためにはインパクトがある入りというのはどういうことなのかを理解しなければいけません。

　入りだけでもいいので、バズっている動画から最初の10秒を切り取って集めてきて、1秒ごとに何を見せて何が書いてあって何を喋っているのかを書き出していくと、そこに込められている意図が見えてくるわけです。

　湯切りからはじまったら、美味しいものを作るぞというところを見せるためにここにインパクトを作っているのだろうと考察してみたり、もし人の顔から入ったりしたら、この人の顔の力ってすごいな、と思わせたいということです。私たちの動画の場合は、調理器具とそれをガンという音をさせて置く音と、ぱっと見の事務所というギャップの３つを掛け合わせています。

　その条件を理解したうえで、自分の動画制作に取り組んでみてください。驚くほどクオリティの高い動画になり、バズる確率が段違いに向上するはずです。

　バズる理由を把握できていないと、バズる動画を作り続けられません。仮に作れて１回バズったとしても「なんでバズったのだろう？」と理由がわからないから、次からバズらない動画を作り続けることになるでしょう。

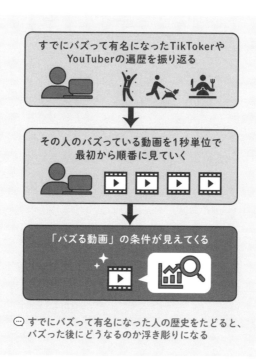

🙂 すでにバズって有名になった人の歴史をたどると、
バズった後にどうなるのか浮き彫りになる

　次に、「発想」です。動画の構成や題材が決まったら、実際にどんな動画を撮るかのアイデアを出さなければいけません。つまりは発想力です。フォーマットを作ることは、勉強を重ねれば誰でもある程度できるようになると思います。ですがアイデアを生み出すのに必要なのは、詰まるところ、「センス」と「知識」となってしまいます。センスが良いなんて言葉をよく聞きますが、この場合、センスがいい人はパッとアイデアが思いつく一方、センスがない人は「どう頑張っても出ない」という可能性すらある分野になります。

しかも、アイデアは自分の中の「知識」からしか生まれません。私自身、4年以上クリエイターとして働いてきて、この「発想力」が衰えないよう、益々成長するよう、今でも日々鍛錬しています。何かを創作していく以上、「発想力」とは常に向き合っていかなければいけないと思います。

　私が日々行っているのは、インプットとアウトプットです。

　ショート動画はもちろん他のクリエイターの長尺の動画やテレビ、映画などを見るときも、常に自分のコンテンツに落とし込めないかを意識して視聴し、ヒントになりそうなものを、即座にメモしていきます。簡単なことでもいいんです。テレビを見ていて美味しそうな料理があったら、これ会社で作れないかなと思って、一旦メモしてみるみたいなこともよくあります。自分がこれいいなとか、面白いなと思ったことは忘れる前にメモをして、メモを見返したときに、そのときの思考を思い出せるようにしておきましょう。

　日々インプットを行った後はアウトプットです。

　フォーマットやインプットした知識を基にとにかく動画を作ってみてください。もちろん動画の完成まで行えれば一番良いですが、ある程度時間がかかってしまうので、動画案を出すまででも良いので、質は二の次で、とにかく量を意識して行ってください。私もショート動画を運用しはじめ、TikTokのフォロワーが1万人程度の頃、運用代行などの動画も含め、月100本の動画を作成していました。そのときの経験もあり、発想のスピードや手数には自信がつ

きましたし、そしてやっているうちに質も向上し、今の結果につながったと思います。

インプットとアウトプット、さほど難しいことではないのですが、作業の工数的に時間がかる地道な作業になります。ですがこれを怠ると、誰でも真似をできる動画しか作成できなかったり、自分が真似をしなければコンテンツを作れないということになってしまいます。大変ですが、一緒にコツコツ積み上げていきましょう。

このように、フォーマット作りと発想力を鍛えるという2軸で考えていくことで良い動画を量産する下地が完成します。

例えば、私たちの動画は、オフィスで社長が座っている机の真ん前でいきなり料理をはじめてしまう部下という流れです。これはロジックを積み上げて作り出したものではなく、突然パッと構図がひらめいたのです。「社長が一生懸命働いている前で料理したら面白いんじゃないか」と浮かんできたのです。

これはセンスが良かったということよりは、発想を得るためにそこへ至るまでの努力をしてきたからこそアイデアが湧いたといった方が正確です。

発想を生み出し続けていくための明確な答えのようなものがあればいいのですが、残念ながら今の私には見つけられていないので、コツコツ努力を積み上げていきましょう。

SNSをやる前に
「SNS脳」を育てよう

✓ 共感性を生み出すメカニズム

　TikTokやYouTube Shortsショートのバズりやすい動画というのは、「共感性」と「ギャップ」もしくは「インパクト」を掛け合わせた要素が含まれています。

「共感性にギャップやインパクトを掛け合わせてるとバズりやすくなる

　「共感性」といっても漠然としているので、例を挙げて説明します。

　共感性とは、みんなが経験したことがあるものだったり、みんなが持っている物の話題だったりで話やネタを作ることです。

　例えば、写真の撮り方のような内容で動画を作るとします。

　その際に、どのカメラの撮り方を題材にするかということです。

MMD研究所の「2022年5月スマートフォンOSシェア調査」による
と、10代〜30代の6割以上がiPhoneを使っていることからも、多
くの人がiPhoneを持っているので共感してくれる確率は高いわけ
です。より多くの人にとっての共感性があるということになりま
す。

　共感性は作る動画のジャンル選ぶにも関係します。共感しやすい
ジャンルとそうでないジャンルがあります。わかりやすい例でいう
と、私たちの動画です。

　私たちは元々、建設業を題材に動画を作っていました。私たちが
日々行っている仕事だから、専門的な知識も豊富だし、ここから仕
事につながってほしいと思っていましたが、そもそも建設業の動画
を見たいと思っている人ってどう考えても少ないですよね。

　もちろん専門的な情報を欲している方も一定数いますが、情報が
欲しいときだけで日常的には見ないし、そもそも一般の方は建設業
に興味があるとかないとかすらも考えませんよね。となるとやはり
ジャンル的には共感性が低く、バズりにくいです。

　この状況を逆手に取った画期的なアイデアのフォーマットを生み
出せれば、バズる可能性がないとは言いませんが、難しいことは確
かです。今、私たちが作っている動画は料理です。料理は非常に共
感性が高いジャンルといえます。

　人は基本的に毎日食事をしますし、国内国外の枠にもとらわれませ
ん。建設業と料理、どちらが共感性が高いかは、比べるまでもあり

ません。ですがその分、競合するクリエイターが多いのも事実です。

　「ギャップ」に関しては、世間的に当たり前と思われている話題に対して、否定的なことを言ったり、「こんな場所で！」や「こんなにかわいいのに！」といった感情を視聴者に持たせます。

　一時期「年収800万円以下の人は社会のお荷物だ」という話題がネット上で話題になりました。年収800万円以下の人は払っている税金よりも、社会から享受している金額の方が多いからお荷物だという意見です。それに対して、「年収800万円以下の人の方が多いのだからそんなわけないでしょう」「年収800万以下の仕事もないと社会が回らない」というのが一般的な意見です。この議論の中で、「年収800万円以下はお荷物だ」というのは、一般常識に対しての意外性でありギャップということになります。こういったギャップを視覚的にも、聴覚的にも動画の中に入れていくと人の興味もひく動画を作れるのです。

　「インパクト」に関していえば、ギャップがインパクトにつながることもありますし、大きい音が鳴るだけでもインパクトになります。単純に「かわいい」とか「かっこいい」というのも視覚的インパクトと考えられます。かわいい女の子たちが踊っているだけで再生数が取れてたくさん「いいね」されるのは、インパクトがあるからです。顔がかわいかったり、踊りが上手だったりするのか、受け取り方は人それぞれですが、多くの人がその動画を見た瞬間にかわいいというインパクトを受けていることになります。どんな形でも目を

惹くものは視覚的インパクトがあるということです。このような動画は、ギャップや共感性を捨ててインパクト1本で勝負しています。

とはいえ、みんながかわいかったり、かっこいいわけでもありません。そこで私たちがやっているのが組み合わせによって目を惹く方法です。

私たちの動画でいうと、動画で出てくる最初の画角が社内であることがわかり、奥に社長が座って仕事をしていて、その前でいきなりガスコンロを出し、食材を出して料理をはじめてしまうのです。ガスコンロを出して料理をはじめること自体には何のインパクトもありませんが、それが会社の中で社長の目の前というところでギャップが生まれてインパクトになっているのです。「会社×ガスコンロ」というギャップです。

それ以外では弁当箱を開けたらプリンだったり、棚から蕎麦が出てきたりというネタもやりました。それらもギャップを利用しています。

私たちは「会社×○○」というフォーマットを確立することで、「会社×ガスコンロ」「会社×料理」というように、常にインパクトを生み出す動画を作れる仕組みにしています。そのうえで社長と部下の掛け合いをするところまで固定化しています。

[設定と画角]

設定

「会社×料理」という組み合わせは、当時はやっているアカウントがほとんどいなかったため、そのジャンルを選択。
普通はこんなところで料理をしてはいけないけど、美味しそうというギャップを利用し、インパクトを作った。

画角

実際に社長が仕事をしているデスクを映し、一目で事務所とわかる画角にする。〈A〉奥側に社長、〈B〉手前で料理という縦画面でどちらも最大限映せるような画角にし、そこに調理器具や食材が出てくることで、「社長の目の前で料理」というギャップとインパクトを与えることができる

インパクトだけで
バズるものではない

✓ インパクトより大事なこと

　多くのショート動画クリエイターは、動画の成功の要因として「インパクト」を挙げるのではないでしょうか。実際、情報過多の現代において、冒頭で視聴者の注意を惹きつけることは非常に重要です。そのため、インパクトのある動画が多く制作され、さらに多くのノウハウ本や教材がその方法を伝授しています。インパクトを追求することは確かに大切ですが、それだけでは不十分です。

　私がTikTokやYouTubeの動画制作の経験から学んだこと。それは「ギャップ」と「共感性」の重要性です。この2つの要素が動画に組み込まれていると、視聴者はより動画に引き込まれ、動画に対する関心や興味を持ち続けることができます。

　例えば、TikTokでは、かわいい女の子が踊る動画が多く見られます。そのほとんどが単にインパクトを重視した内容になっており、そのインパクトを増幅させるために音楽を使用しています。しかしその中で、テロップを使用し、ダンスを踊りながら「あるある」や「共感」を求める言葉を加えることで、視聴者に共感性を感

じさせようとする動画も増えてきました。このアプローチは、インパクトと共感性の組み合わせとして一見効果的に見えますが、実は表面的なものであり、長期的なエンゲージメントを得るのは難しいのです。

　共感性をテロップのみに頼っているので、誰にでも真似できてしまうからです。私たちは視聴者の心に自然と響く内容にするため、トークの話題に含んだり、どの料理を作るのかというところで共感性を演出しています。

　TikTokやYouTubeで成功を求める場合、単にインパクトを求めるだけでなく、視聴者の心を惹きつける「ギャップ」と「共感性」を意識して、独自のフォーマットを通して伝えることが大切です。

　お笑いやYouTube、またショート動画でも「あるある」ネタというものがよく用いられることがあります。皆さんも目にしたことがあるのではないでしょうか？　日常で感じられるちょっとした出来事や、ストレスを感じるシーンなどがよく題材になり、それを男女や年齢の違いなどでターゲットを絞ったりしながら「モテる女子あるある」や「新社会人あるある」のような形であるあるを紹介していく動画です。多くの人が経験することを題材にすると、多くの共感を得ることができ、非常に有効な手法だと思います。

　しかし、私はその動画で再生数やフォロワー数を伸ばすことができたとしても、注意しなければいけない点があると考えています。

確かに「あるある」ネタで多くの再生回数や「いいね」やコメントを得ることはできますが、それはあくまで「あるある」の内容に対する共感であり、その人自身の個性とは関係がありません。長い目で見ると、そういった動画は一過性のものとなりがちです。

このように共感性が高く、バズりやすい題材ほどオリジナリティをどのように取り入れ、表現していくのかを考えなければいけません。私が重視しているのは、「ギャップ」を取り入れた動画作りです。ギャップとは、一般的な常識や期待とは異なる、驚きや新しさを感じさせる要素のこと。例えば、「会社で料理」や「部下が上司にタメ口を使う」というのは、一般常識とのギャップであり、視聴者にインパクトを与えます。

私たちの動画の作り方として、「部下が上司に失礼なことする」というのがベースにあります。「会社で料理」の動画の前は、社長を倉庫に閉じ込めたり、社長が会社に帰ってきたら部下がすでに帰宅していたり、社長が部下に電話してもすぐに切られたりという動画を作っていました。

社長が熱を出して寝込んでいると聞いて、電話をかけて「ご飯を食べにいきませんか？」と誘うなど、そういったことをたくさんやっていました。ギャップを意識して、「部下はこういうことしないよね」という内容を考えました。でも、この2人が仲睦まじくてかわいいねと見られるという動画を作っていました。

その背後には、視聴者が「こんなこと普通はしないよね」と感じるギャップを意識的に作り出すことで、インパクトを引き出そうとしていました。

普段の生活にあるストレスやよくある出来事で、多くの人が経験する「あるある」ネタが視聴者に共感しやすくて人気。
ギャップは「会社で料理」「部下が社長にタメロ」といった一般常識とのずれなどである。

他クリエイターの動画は
こう分析しろ

✔ 掛け合わせでジャンルを考える

　先程、共感性やギャップの重要性、またそれにまつわるジャンルについて、解説しました。

　現状、多くのショート動画が日々生み出されていて、それとともに「まだ誰もやったことがない」というジャンルは減っていきます。誰もやったことがないジャンルでなければいけないわけではないですが、既存のジャンルでも、時間の経過と共に、参入しづらくなることもあります。例えば「会社で料理」というジャンルをやろうとしても、私たちがバズったことをきっかけに多くの会社アカウントが料理コンテンツをはじめたので、やり尽くされた感があり、今更？　という印象も出てきてしまいます。

　ジャンル作りは非常に難しいので、私の考え方を説明できればと思います。

　会社でSNSをやっていくことを前提に考えていきますが、「会社エンタメ×○○」という掛け算で考えていくのが良いと思います。主にエンタメ性でインパクトや、ギャップの要素を取り込んでい

き、そこに掛け合わせていくジャンルで共感性を取っていくという考え方です。私たちは細かくいえば「会社×エンタメ×料理」というジャンルになります。

エンタメ部分は社長と部下の掛け合い（社長に対してのタメ口）や、社長の大声のリアクションなどでギャップとインパクトの要素を取っていて、料理の部分のクオリティで美味しそう、作ってみたいと思わせ共感性を取っています。さらに会社であるということを強みにして、「会社でこんなことしていいんだ」、「会社なのに美味しそう」、「こんな会社いいな」とギャップと共感性を取っています。

ある程度、この式を固定してしまえば、自分たちにはエンタメ性でどんなことができそうか、そこに掛け合わせる共感性をとるジャンルで、何ができるそうかと思考をシンプルにすることができます。

全てがこの式に当てはまるものばかりではないと思いますが、自分たちのジャンルを強固なものにしていくために参考にしていただければと思います。

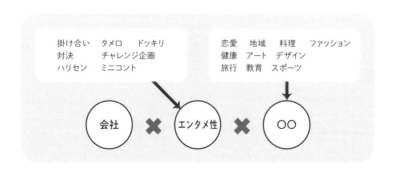

思い浮かんだひとつの映像に肉づけしていく

　私が動画の構成を考えるときにどのような思考をしているのかご紹介します。

　まず一本の動画の中で一番面白いところを考えます。ここはひねり出すしかないのですが、例えば、私たちの動画でいうと、動画のタイトル的な部分を考えるとします。「一対一プリン」ということを思いつきました。「プリンの上にかかっているカラメルとプリンが同量だったら面白いんじゃないか」ということです。次に、前後に肉付けをしていきます。どうやってこのプリンが登場したら面白いか、食べた人の反応はどうしたら面白くなるか。「美味しい」と言った方が面白いか、「まずい」と言った方が面白いか想像を膨らませて、ストーリーに付け加えていきます。付け加えるときに、カット割りの意図がわかるので、一番面白くするためには、前後には何が必要かというものを考えておかなければならないのです。要するにYouTubeでいったらサムネイルとタイトルはどんなものにしたら引きがあるかということを考えるわけです。

　社長の顔に大きな付箋みたいなものをバンと貼り付けて顔が見えなくなるというアクションが思い浮かんだとします。それが面白いと思うのであれば、そこから逆算して一番面白く見えるには前後でどういう流れがあるといいのかということを考えていくのです。社長の話を遮るように貼るか、「失礼しまーす」と言いながら、し

れっと貼るかによって動画の大きな流れが変わります。

　最初に何が面白いのかを見つける嗅覚と、あとはそれをいかに面白くするために前後に何が必要で、バズっている動画には何が必要なのかということを理解して動画全体の構成を組み立てていくことが、バズる動画を作るにはとても大事なことになります。

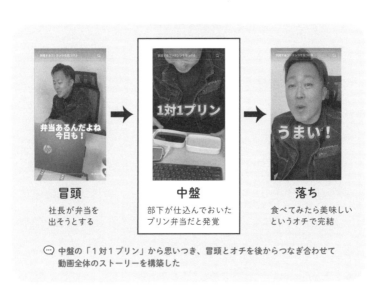

冒頭
社長が弁当を
出そうとする

中盤
部下が仕込んでおいた
プリン弁当だと発覚

落ち
食べてみたら美味しい
というオチで完結

(･･) 中盤の「1対1プリン」から思いつき、冒頭とオチを後からつなぎ合わせて
動画全体のストーリーを構築した

優れたクリエイターの良いところ

✓ ほとんどの人が気づいていない 優れたクリエイターに共通する特徴

　バズりを連発している優れたクリエイターにはある特徴があります。私見ではありますが、それはカット数が多いということです。

　カットなしで一本の動画を撮影しているクリエイターというのは、面白い人もいますがイマイチな人もかなり多い印象があります。当たり外れが大きいのです。おそらくロジカルに説明できるものが少ないからだと思います。また、構成をしっかり考えずに行き当たりばったりで撮っている人も多いです。

　その点から考えると、きちんと構成を考えて不要なところを捨て、必要なところだけを残すためにカットを多くして取捨選択している動画の方が、質が高い傾向にあります。きちんと動画を作っている人の方がフォロワー数からみても多いのはうなずけます。

　自分自身、動画を撮って編集していて思うのは、必要ない部分を切り取っていくと自ずとカット数が多くなっていくことです。これにより動画は無駄なところがないクオリティの高い動画になります。そうなると、その動画のカットにすべて必要なものだけを並べ

られるわけです。

バズっている要素を見ている側も解析しやすくなります。今はこの言葉を入れるため、このテロップを入れるために絶対これが必要なカットだというのがわかると、ここを面白く見せるために、ひとつ前のシーンはどういうカットにしているのか見えてきます。

その点からも、カット数が多い動画をたくさん見ていくことで勉強するのがもっとも効率的だと思います。

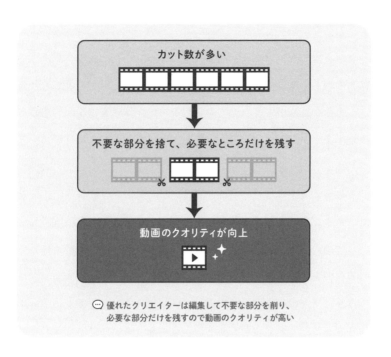

カット数が多い

↓

不要な部分を捨て、必要なところだけを残す

↓

動画のクオリティが向上

😐 優れたクリエイターは編集して不要な部分を削り、
必要な部分だけを残すので動画のクオリティが高い

〚 おすすめ動画編集ソフト 〛

Adobe Premiere Pro

業界標準の高度な編集ツール。多様なフォーマットと互換性があり、プロフェッショナルな機能を提供。

Final Cut Pro

Apple製品ユーザーに人気。高速なレンダリングと直感的なインターフェースが特徴。プロレベルの編集機能を提供。

Filmora

初心者や趣味のユーザーに向けた使いやすさが特徴。シンプルなUIで、基本的な編集機能を手軽に使用可能。

DaVinci Resolve

高度なカラーグレーディングとビジュアルエフェクト機能が強み。プロフェッショナルな結果を出すための包括的なツールセット。

PowerDirector

初心者から中級者向け。多彩な編集機能とテンプレートが利用可能で、直感的な操作が可能。

iMovie

MacとiOSユーザー向けの無料ソフト。シンプルで直感的な操作で、基本的な編集作業に適している。

Adobe Premiere Elements

初心者向けのAdobe製品。自動編集機能とガイド付き編集が特徴で、基本的な編集作業を簡単に行える。

■最初の10秒で5カットは入れるようにしよう
（Adobe Premiere Pro画面より）

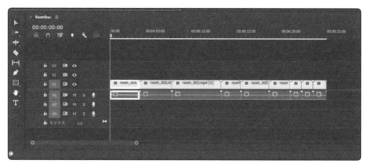

(https://creativecloud.adobe.com/ja/learn/premiere-pro/web/kotohajime-tutorial-1)

カットの多さの目安としては、最初の10秒で5カットは欲しいところです。2秒に1カットの割合です。このぐらい細かくカットを入れている動画はテンポが早くて飽きません。見せているカットにはすべて意味が込められています。

　かつては、私もほとんどカットなしで、撮ったものをそのまま出していたことがあります。1分ぐらいカメラを回してそのうち50秒を使うなんていうことをしていました。しかし、だんだん撮影時間が長くなり、1分程度にまとめるには見せたいところだけを残すためにカットしていくようになりました。そのときに気づいたのは、カットを入れた方が動画の隅々まで面白くできることでした。

ノーカットの動画
（2021年10月18日投稿）

カット有りで投稿した動画
（2023年6月12日投稿）

カットを入れずに最初から最後まで一回で撮ろうとすると、撮影時に演者側でテンポ良く動いていかなければならなくなります。それができないと必要のない数秒の間を作ってしまうことになります。こんなときに途中でカットを挟むと中盤も面白くできるのです。

基本的に、視聴者は長ったらしいダラダラしたものは見ていられません。特にTikTokやYouTube Shorts動画のようなショート動画のプラットフォームだと、すぐに次の動画に飛ばされてしまうので、できるだけギュッと面白いところだけを凝縮している方が離脱されずに見てもらえるのです。

短くて各カットが面白かったり、なるほどと思わせる部分が含まれていたりすると多く見られます。そうなると、必然的にカットを入れざるを得ません。カットひとつひとつに意味を持たせたり、ひと笑いあった後にすぐ次の笑いを起こさせたりすることもできる。そのぐらいテンポを巻き上げていけるので、カットを多く入れるクリエイターの作る動画は面白いものが多いと考えています。

面白さの追求よりも興味を持ってもらうこと

動画クリエイター、特にTikTokやYouTube上での活動を考えるとき、私たちの主な目的は視聴者に「面白さ」を提供して喜んでもらうことです。会社エンタメの良さは、会社とエンタメを掛け合わ

せることで、ギャップによる面白さを醸し出します。しかし、「面白い」という言葉の意味は、多岐にわたります。この言葉の意味を細分化して考えることで、より高品質な動画コンテンツを生み出す手助けとなります。「面白い」の中でも、大きく分けて２つのカテゴリが考えられます。ひとつは、視聴者が笑える、楽しめるという意味での面白さ。もうひとつは、知的興奮や新しい発見があるという、興味深さに基づいた面白さです。

ここでいう「笑える面白さ」とは、一時的で享楽的な面白さをもたらす可能性があります。それが激しくなると、質の低い笑いや下品な内容に走るリスクが伴います。例えば、迷惑行為を行うYouTuberなどは、一時的な注目を浴びるかもしれませんが、その行為はブランドやイメージのダウンにつながる危険性をはらんでいます。ビジネスや企業の立場からコンテンツを提供する場合には、このようなリスクは避けるべきです。

一方、興味深さに基づく面白さは、長期的な視点での信頼やファンを獲得するための鍵となります。これは、視聴者が新しい知識や発見を得ることで、深い満足感を感じるからです。このタイプのコンテンツは、持続的な関心を持つことができると共に、ブランドのイメージ向上にも寄与します。

動画クリエイターとしての使命は、高品質で興味深いコンテンツを提供することです。そして、それを通じて視聴者との信頼関係を築くことです。制作した動画によってどのようなメッセージや価値

を伝えたいのかを常に意識し、質の高い「面白さ」を追求していきましょう。

[「面白い」とは]

興味深さ　知的興奮　＞　笑える

☺動画における「面白い」は興味深さや知的興奮のこと。面白さを単に「笑い」ととらえると、迷惑系YouTuberのような下品さにつながる恐れがある。

4章

バズるための
本質的な価値を
提供する企画の立て方
（フォーマットの作り方）

長く動画を続けるために
大事な「フォーマット」

✓ 縦動画と横動画の違い

　動画コンテンツの制作は、そのプラットフォームの特性に合わせて変わってくるものです。例えば、昔から人気YouTubeの動画は、主に横型で制作されるのに対し、TikTokやYouTube Shortsは縦型の動画が主流です。しかし、ただ動画の向きが違うだけでなく、制作のポイントや戦略も大きく異なるのです。最も顕著な違いのひとつは、TikTokやYouTube Shortsではサムネイルの設定ができない点です。タイトル入力も2行程度と制限されています。実はこれが独自の魅力となっています。

　一方、横動画のYouTubeでは、サムネイルやタイトルが視聴者の選択に大きな影響を与える要素となっています。視聴者はこれらの情報を基に、どの動画を見るのかを選びます。つまり、コンテンツのクオリティだけでなく、サムネイルやタイトルの魅力も非常に重要というわけです。

　YouTube Shortsのユーザーは、縦型の動画をひとつ選ぶと、次々と動画が自動的に流れてきます。TikTokはアプリを開いた時

点で最初の動画が流れはじめています。この仕組みにより、視聴者が見るかどうかを決めるポイントがサムネイルやタイトルではなく、冒頭に流れる数秒の動画になります。

TikTokやYouTube Shortsのような縦動画においては、最初の数秒間の動画が非常に重要であり、この短い時間内で、視聴者の興味や好奇心を惹き付ける仕掛けが必要です。

動画の入り口、つまり開始部分が魅力的であれば、視聴者は動画を飛ばすことなく、最後まで視聴してくれる可能性が高まります。

そして、動画が視聴者の心をつかんだ後も、その興味を維持し続けるための仕組みや期待感をもたらすストーリー展開が重要となります。特に縦動画では、シリーズ化することで視聴者に継続的な関心を維持してもらうことが期待できます。

このように、TikTokやYouTube Shorts、そしてYouTube横画面というそれぞれのプラットフォームには、異なる特性や魅力があります。これらの特性を理解し、うまく活用することで、ショート動画をビジネスに有効に使うことができるのです。続いて、具体的な動画制作のポイントや戦略について掘り下げていきます。

	視聴者をとらえる仕組み	継続して視聴させる
YouTube（横動画）	サムネイル＋タイトル	シリーズ化＋ インパクトある企画
TikTok YouTube Shorts	動画の最初の数秒	シリーズ化

最後まで見られる動画編集のコツ
（フォーマットポイント解説）

それでは私の料理動画のフォーマットのポイントについて、解説していきます。

■動画の尺

私は58、59秒程度（ほぼ1分）とそれ以上（1分半～5分程度）の2パターンを作成しています。元々、撮影尺が15分～1時間程度あるので、それをTikTokやYouTube Shorts向けに、1分程度に編集していました。

この2つのパターンがあるのは再生数と広告収益のバランスを取るためです。YouTube Shortsは1分以内の動画しか投稿できませんが通常のYouTube動画より再生数が伸びやすいため、フォロワーや認知を獲得するのに非常に重要になってきます。

しかしYouTube Shortsは通常のYouTube動画より広告収益が低いため、会社としてSNS部門で利益を出すためには1分以上の動画も視聴してもらうことが重要になってきます。そのため、バランスを取りやすくすることを考慮し、どちらのパターンでも投稿できるフォーマットが重要になります。

■冒頭の10秒

フォーマットを作っていくうえで、冒頭10秒の作り込みは一番大

切な要素になります。前述の通り、縦にスクロールをして動画を見ていくプラットフォームでは冒頭2秒がサムネイル代わりになります。

　自分でも検証してみたのですが、動画を見ないと判断した場合でもスクロールして次の動画が出てくるまでは大体2～3秒。ここで視聴者の手を止められなければ、その後ろがどれだけ面白くても見てもらうことができません。さらにこの２～３秒を見てもらえたとしても、そこから10秒までの間が一番離脱率が高い時間帯です。そのため、冒頭2秒を含む10秒間はしっかり作り込まなければいけません。

　では、その10秒をどう作り込んでいくのかについて解説しましょう。

■0～2秒

　この段階では多くの視聴者は「面白い」とか「見たい」といった明確な意識を持っておらず、無意識下で動画を選別しています。なので、この段階では無意識に「手を止めてしまった2秒」を作らなければいけません。私たちの動画であれば事務所っぽい場所に調理器具や食材が出てくるインパクトのあるシチュエーションや調理器具を置くときに立てる音などでこの要素を演出しています。他の例で言えば「絶対にやってはいけない〇〇」といったネガティブなワードを活用したタイトル付けや、何かがカウントダウンしていく様子、また動画の中のインパクトがある部分を最初に持ってくるなどの方法があります。まずは、自分たちの動画の構成に合うインパクトのある２秒を作っていきましょう。

■3〜6秒

　冒頭の2秒でインパクトを与え、視聴者の手を止めることができたら、次は状況を理解してもらいます。

　登場している人は誰なのか、どんな関係なのか、場所はどこなのか、これからどんな展開をしていくのかなど、なんとなく手を止めた視聴者に状況を理解してもらったうえで、続きが見たくなるようなインパクトを与えていきます。私たちの動画の場合は大抵この段階で「おいおいおい」という社長の怒鳴り声が入ります。「事務所っぽい場所＋調理器具」により会社で料理するという状況を理解させ、止めようとする社長のリアクションで「やっぱり会社で料理なんてダメだよね」というインパクトを与えます。

■7〜10秒

　冒頭のラスト4秒。ここまでの間に6秒でしっかり作り込むことができ、視聴を継続させられたら、できればここで笑いを取りにいきましょう。視聴者はこのあたりから動画をしっかり認識しはじめ、「見てしまった」という状況から「見るか見ないかを決める」状況に入ります。ですから、ここで「この動画は面白い」という印象を与えることが重要になります。この動画笑えるんだという安心感と、後半も面白いかもしれないという期待感を持たせることで、視聴を継続させる可能性が高まります。

　私たちの動画の場合は、「おいおいおい」から調理に入るまでの

間に2〜3回の掛け合いを入れていて、その中で「笑い」を生み出そうとしています。

　私たちのフォーマットは0〜6秒までの間に動画だけで笑いをとるは難しいので、「おいおいおい」を10秒の後半に意識して入れています。冒頭からすぐに笑いを取らなくても、10秒内に笑いを取ることができればいいのです。

〚「ながの社長のハッピーチャンネル」での【冒頭の10秒】の実例〛

■0〜2秒 -視覚聴覚的にインパクトを残す。
（私たちの場合、音を立てながら、調理器具を置いたり、大きい肉を出したり）視聴者が手を止めるための最重要な2秒。

■3〜6秒 -状況を理解させつつインパクトを残す
手を止めさせた後は、視聴者は状況を理解しきれていないので、これから何がはじまるのか、登場人物は誰なのかなど状況を理解させつつ、第二波のインパクトを用意し畳み掛ける。

■7〜10秒 -笑いをとる
6秒までの間にインパクトを残して、視聴継続をさせた後は、この動画が面白いかもしれないという期待感を与える。大きい音や目新しさなどでここまで動画を「見てしまった人」にこの先も見たいと思わせる。

視聴を継続させるには

「冒頭の10秒」を視聴してもらうことができたら、1分前後の動画を最後まで見てもらうことを意識しましょう。

冒頭のようなインパクトを連続させる作り込みを、その後1分継続させるのはすごく難しいですし、視聴者の飽きも早くなってしまいます。ということは、それ以外の方法で視聴を継続してもらうことが必要になります。ちなみに、私たちの場合は主に「料理」と「トーク」で視聴継続してもらっています。

「料理」のような何かが作り上げられていくといったゴールがわかりやすい「工程」は視聴を継続してもらいやすい傾向にあります。建物を建てていく様子や、レースゲームなども同じような効果があります。「料理」はその中でも共感性が取りやすく、私が料理ができるので、自社のコンテンツに取り入れています。

また、「トーク」については、たとえ画面を見ていなかったとしても〈笑えるくらい面白くする〉ということを意識しています。

怒っていたのに食べたくなってきている社長との軽快な掛け合い、テンポや一言の強さなど、ひとつのことで笑っていたら、間髪いれずにすぐ次の面白いシーンが出てくるという感じで視聴者の把

握が追いつかないくらい要素を詰め込みたいと思っています。なぜなら、視聴を一回で終わらせることなく、何度も繰り返し見てほしいからです。ただ、展開が早すぎると見る気を失ってしまうので、ギリギリのところを意識して調整するようにしています。

まず、パッと見て美味しそうな料理で視聴者の共感を得て、さらに、その料理を目の前にして、怒っていたはずなのに、つい料理に興味を持ってしまう社長の姿がクスッと笑えるシーンを演出。

✔ わかりやすい山場を作る

　動画には「ここがピーク」という箇所を作りたいと思っています。皆さんも「撮れ高」という言葉を聞いたことがあるのではないでしょうか？　日ごろ、テレビやYouTubeを見ていると聞くことが多いと思います。「撮れ高」とは、撮影の段階で目的のクオリティに達し、使用できる構図や内容が撮影できているかということ

を意味します。私たちの場合は、料理中のトークで必要な尺分くらいの面白い会話ができたかということになります。ですが、お笑い芸人の方やタレントさんが本職としてやっていることを、我々素人が同じように行うことは難しいと思いませんか？　もちろん元々できる人もいるとは思いますし、訓練次第ではできるようになることもあると思います。ですが難しいことに変わりはありません。ですから、元々フォーマットの中に笑いのピークとなるものを組み込んでおきたいのです。

　私たちの場合は社長の「うまーい！」です。1分の動画の場合、だいたい40〜50秒あたりにこのシーンがくるようになっています。わかりやすく面白く笑いやすいシーンが必ず入るようにしておけば、「撮れ高」が確保しやすくなりますし、動画に抑揚もつけやすくなります。最初からこれと決めるのは難しいかもしれませんが、私たちも徐々に築いていったものなので、ぜひ取り組んでみてください。

笑いのピークとなるカットを入れ込むことで、動画に山場を作りやすくなる。私たちの場合は、社長の「うまーい！」がまさに山場。

■オチを作る

　動画の最後にはできる限りオチを作りましょう。もちろん、最後まで視聴していただけている時点で、そこまでの作り込みはほぼ成功です。そこで、ダメ押し策として、最後にオチを作りましょう。オチを最後に持ってくることにより、「この人たちの動画にはオチがある」と視聴者が認識してくれるようになります。一度動画をフル視聴してくれた視聴者には、次回の動画が優先的に表示されますので、その際に「オチがあるから最後まで見よう」と再度フル視聴してくれる可能性が高くなります。視聴者に期待感を持たせ、その期待に応え続けるためのオチということになります。

　私たちの場合は、動画のピークの後にエンドトーク的な部下と社長のフリートークの掛け合いを持ってきています。料理の感想や、社長のリアクションに対する感想などを話すことが多く、部下のきつい言葉や、社長のボケ、テロップでのツッコミなどで締めています。エンドトークまでの流れの中で伏線を張っておき、エンドトークで回収できれば、「秀逸な動画」と認識してもらえることも多くなります。

　また、このフォーマット全体におけるエンドトークの役割として、「訴求」ができるということは非常に大きなポイントになります。私たちは主に食品会社様から商品紹介の企業案件をいただくことがあります。SNS部門の収益性を考えるうえで、企業案件を受けられるか受けられないかは、非常に大きな要素なのです。ショート

動画は尺が短いし、言葉を使わない動画も多いため、しっかり訴求することが難しいのですが、私たちのフォーマットの場合、エンドトーク部分に味の訴求、キャンペーンの訴求などショート動画でもしっかりと言葉で訴求ができるため、クライアント様からも、好評をいただいております。

　このように動画の最後にオチを作りながら、汎用性の高いフォーマットが作れると、収益的にも安定しやすくなります。

　この内容については6章で詳しく説明します。

最後にオチをつけることで、視聴者のコンテンツに対する認識度が向上し、リピートしてくれる確率が高まる。

なぜか見てしまう編集のポイント

　私は、視聴者が「気づいたら動画が終わってしまっていた。」と感じる動画が良いと思っています。本や映画でも時間を忘れるくらい没入してしまうことってありますよね。それと同じです。そのうえで「もっと見たい！」と思ってもらえるのがベストです。そのために実際に私が行っている編集上でのポイントをお伝えします。

✔ 画角の固定

　これは撮影時になってしまいますが、私はできるだけ画角を固定するようにしています。もちろん動きが大きい場合は、手持ちで対応しますが、基本的に固定です。登場人物の位置や料理の位置をできるだけ固定したいからです。ショート動画はYouTube ShortsにしろTikTokにしろ、画面上、左側から下3分の1くらいにかけてタイトルや説明欄、アイコンマークなどが出ます。撮影時にそこに重要なポイントが被らないようにするためには、あらかじめ想定して余白を作っておきたいのです。また、ショート動画は縦画面のため、横幅に余裕がないので、横テロップが画面の端から端まで入り

ます。そのテロップの出し位置が顔や料理と被らないように画角を設定しておきたいということと、視聴者は縦画面を見るとき、基本的に真ん中付近を見ています。上下に映るものは認識しづらいし、テロップの位置がある程度一定でないと目で追いづらくなってしまいます。だから、ある程度一定の位置にテロップを出せるように画角を設定しておきます。

① どのプラットフォームも大体同じだが、二重線で囲んだ範囲はプロフィールマークなどと被ってしまうため、ここに重要なものは映さない。（編集時のテロップも同様）

② テロップは真ん中に表記すると見やすいため、意識的に人の顔などは上部に持ってくると、テロップを載せやすい。

✔ 重要なのは、テンポを意識したカット

　私たちの料理動画は基本的に15分〜1時間程度、料理工程にフリートークを交えながら、撮影しています。長めの撮影素材を1分もしくは90秒〜5分程度に編集していきます。どのシーンをどのくらい使うかを判断し分割しながら切り出していくことを「カット」と呼び、編集の最初に行います。私が編集で一番重視しているのがこの「カット」の作業になります。「カット」によって動画のテンポを作っていくのですが、「気付いたら動画が終わってしまっていた」という動画作りのために、動画が1分前後の場合、冒頭は1カット1秒以下程度で収め（セリフがつながっているところは除く）、テンポよく「冒頭の10秒」が作り込めるようなシーンを切り出していきます。そして、その後は長くても大体1カットは5秒までででほとんどのカットが2秒以下でテンポを崩さないようなカット割りになっています。

　大体長くなるカットは社長が料理を食べて美味しい顔をしているカットで、ここは美味しさを伝えるためにある程度ゆったりさせていますが、ここ以外は大体2秒以下です。冒頭は1秒前後の短めのカット、中盤は内容を伝えながらも、テンポを崩さないための2秒以下のカット、後半は前半にテンポを上げた分、少し長めのカットを使いながら緩急を使っていく。これが私がショート動画を作っていく中でたどり着いたカット割りです。

✓ 画角の出し引きとテロップで強弱をつける

　編集で意識してほしいのは、すべてのカットに意味を持たせたいということです。「テンポを意識したカット」の作業でも、1カット1カット、意味を見出しながらカットを進めていきます。「ここはフライパンを振っているところを映し、躍動感とインパクトが欲しい」、「ここは緩急で社長の気を抜いている顔を使いたい」、「調味料をテンポよく入れたから、混ぜる動作を映して少し間を取りたい」などなぜこのカットが入っているのか、後から意味をすべて説明できる状況が好ましいです。この意味については、3章の「バズるための勉強法」にて訓練の方法を解説していますので、それを参考に自分なりの意味づけの基準を作ってみてください。

　自分なりの意味のあるカットを切り出したら、それに強弱をつけていくのが画角の出し引きとテロップになります。

　私たちの場合、画角は固定が多いので、編集の中で引きで全体を見せている状況を基本とし、アップを使って意味を付け加えています。料理をしている手元をアップにすれば、ここは社長の表情よりも料理を見せたいという意味になりますし、社長の顔を画面いっぱいにアップにすればそれだけでインパクトがあったりします。何を強く印象づけたいのか、どこで笑わせたいのかを考えながらこの作業を進めていきます。この画角の出し引きで重要なのは、同じ縮尺をできるだけ2度続けないということです。同じ縮尺のアップを2

〜３カット続けると、そこに持たせたいインパクトや強調の意味が薄れてしまうからです。

　社長の顔のアップを２度同じ縮尺で続けた場合を想像してみてください。１回目はインパクトがありますが、２カット続くと少しくどいと感じませんか？　明らかに１回目の方がインパクトがありますよね。また、動画自体も変化が薄く「のペー」っとした印象になるため、テンポも悪く感じられてしまいます。絶対にダメだというわけではないのですが、「ここを強調したい」というカットがあるのであれば、その前後はできるだけ引きの縮尺にすると伝わりやすいでしょう。

　次にテロップですが、テロップは説明テロップとツッコミテロップを使い分けています。その際、カットの意味の強弱に対し重要なのはツッコミテロップです。

　例えば痛風持ちの社長が「明太子は多い方がうまい」と言ったシーンがあるとします（実際にあります）。そのままセリフを文字に起こすと社長は明太子好きというカットになり、「痛風経験者ですよね？」とツッコミテロップを入れると、「痛風経験者なのに懲りてないのか？」という意味合いになります。視聴者に面白いと感じさせたい場合、後者の方が引きが強くなります。またこのテロップを入れる際の文字の方向や位置、サイズ、色、字体によっても意味合いを変えることができます。

　社長の顔の横に顔と同じ大きさくらいのテロップが入っていれば、表情と合わせてテロップを見てほしいということになりますし、顔が隠れるくらい、画面の全面にテロップを入れればそれだけツッコミを見せたいということになります。また赤色であればキツいツッコミの印象になります。

　このような印象の強弱を利用して、笑いどころを細かく作っていき、「気付いたら動画が終わってしまっていた」という動画を作っていきましょう。

飽きられない動画を作るには

　自分たちのフォーマットをしっかり作り上げることができ、動画を最後まで視聴してもらえるようになったら、そのフォーマットでできるだけ多くの動画を作っていくために、長期的に飽きられにくい運用をしていくことが大切です。自分たちに合ったバズりやすいフォーマットを作り、アルゴリズム的な優位を取れたとしても、実際に動画の良し悪しを判断するのは視聴者になります。「今までは良かったけどもう飽きた」という状況になると、アルゴリズムの優位により視聴者に表示されても、すぐ飛ばされて、結果的に数字が伸びないということになります。ひとつひとつのフォーマットには寿命があり、伸びなくなる時期が必ず来ると考えていますが、それを少しでも先延ばしするために、動画の内容や運用の方法で工夫していくことが大切です。

✓ 汎用性の高いジャンル選定

　3章でジャンルの掛け合わせと共感性について解説しましたが、飽きられない動画を作るうえでも、ジャンル選定は重要な要素です。

ジャンルの中の題材を変えてフォーマットに当てはめるだけで、シリーズ化することができれば動画を作りやすくなります。

　私たちの場合は「料理」です。

　会社で料理をするフォーマットの中で、作る料理を変えれば、いくらでも動画を作ることが可能です。料理の種類は世界中にいくらでもあります。料理は題材がほぼ無限に等しいジャンルなので、ネタ切れになることはほぼありません。また、料理は作っていく工程で視聴維持率も取りやすく、合間にトークも挟みやすいので、非常に汎用性が高いジャンルになります。ジャンルごとに特性はありますが、その特性を考慮し活かしながら、動画を作っていきましょう。

〚 **汎用性が高いテーマはトークも挟みやすくなる** 〛

✓ インパクトだけに頼らない

視聴者の興味を惹くため、「冒頭の10秒」を作り込んだり、斬新なネタを作ったりする場合、インパクトがとても重要になります。強いインパクトを求めることは大切なことですし、決して間違いではありません。ただし、インパクト過多になってはいけません。

縦のショート動画プラットフォームの出現により、より多くのクリエイターが動画を作り、競い合う時代になりました。その中で埋もれないために、「他のクリエイターより面白く」、「前回の動画より強い企画を」と求めはじめるとインパクト過多になることがあります。

強いインパクトを求めすぎると、そのフォーマットの寿命の頭打ちを早めてしまうことにつながります。特にエンタメ系の動画ではインパクトを求めすぎると表現が過激になり、びっくりはするけれど笑えない、これ以上やるとガイドライン違反になりかねないなどの状況に陥ります。

私たちの場合、視聴者に「会社でこんな料理していいの？」という感情を抱かせ、興味を持たせています。「会社でこんな料理していいの？」の中には、「こんなに汚していいの？」、「キッチン以外で調理して危なくないの？」という意味が含まれており、過激にすればするほどこの感情は強まり、もしかしたら再生回数は増えるかもしれません。ですが、過激といっても許容範囲内で実施すること

が重要になります。例えば、揚げ物なら、油がはねて机のまわりが汚れるかもしれませんが、しっかり注意すれば、油汚れだけですみます。ところが、室内で炭を使っての調理となると、煙が出てしまい、火災探知機が反応したり、一酸化炭素中毒を招いたりするなど高い危険性を生じることになります。インパクトを求めすぎ、正常な判断ができずにこのような動画を作ってしまうと、視聴者を楽しませるということから離れていってしまい、せっかく良いフォーマットを作ったとしても、長く運用することはきません。このような懸念が最初からあったので、私たちは「いかに汚すか」、「いかに過激な調理にするか」ではなく、料理のクオリティで勝負してインパクトだけに頼るのではなく、共感性が得られる方向でアカウントを運営してきました。そのおかげで、料理動画を作ってから約2年になりますが、移り変わりの激しいショート動画の世界で、今でもそれなりの再生数を確保し、視聴者の方に楽しんでいただけています。

現在の動画フォーマットに
至るまで

　ここまで、私なりのフォーマットの作り方、良いフォーマットとはどんなものかについて解説してきました。私たちも、動画投稿を初めてすぐにあの料理動画のフォーマットができたわけではありません。数々の失敗や経験を経て、今の形にたどり着き、今でも試行錯誤しながら運用をしています。ここでは私がどんなことを考え、経験しながらこの形にたどり着いたのかを紹介させてください。皆さんがこれから行うであろう動画作りの参考にしていただければと思います。

　私たちの会社、株式会社リンクロノヴァが動画投稿を開始したのは2020年10月です。当時は私がまだ入社する前で、外注の映像制作会社に制作を発注しYouTubeのみに10分程度の建設業関係の動画を週に一度投稿していました。2021年1月に私が入社し、映像制作会社に作ってもらっていた動画を私が作っていく形になりました。

〚 「ながの社長のハッピーチャンネル」の動画変動 〛

■2020.10〜部下（鈴木）入社前　　外注業者に依頼し、真面目な動画を作ってもらう。

■2021.03〜部下（鈴木）入社直後　　社長が台本を書き、真面目な動画を撮影し配信。

　この時点では、私は趣味で動画を作っている程度だったので、単純に投稿する動画のクオリティが下がっているだけという状況でした。当時私は、SNS担当として入社しましたが、従業員が私と社長を含む3人の会社で、建設業の利益を食い潰す存在だったため、入社したは良いものの、どうやって利益を生み出すか、日々社長と共に悩んでいる状況でした。入社してから数か月社長が台本を書く建設業関係の動画投稿を続けていましたが、それだけで利益を生むことは厳しいと思い、TikTokへの動画投稿を社長に提案し、2021年4月から投稿をはじめました。投稿の頻度としては、YouTubeに今までと同じ建設関係の動画も週一投稿を継続しながら、TikTokに平日週5本投稿をしていました。個人的にTikTokに動画投稿

をしてみて1万人くらいフォロワーがついた経験があったので、YouTubeよりはイケるだろうという感覚がありました。

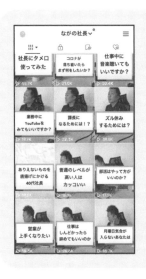

■2021.04 ～ TikTok開始
YouTubeと同時並行で、TikTokのアカウントを開設。経営者に真面目な時事ネタを質問し、考え方を答えていくという動画を撮る。
YouTubeは週1投稿なのに対し、TikTokは週5で投稿。

　スタートは、社長からエンタメ動画を作っていくのはまだ抵抗があると言われたので、「ちょっと真面目な経営者」というような動画を作っていました。当時、企業の社長に「東京オリンピックって開催した方がいいですか？」みたいな時事ネタを質問して、「今はやらない方がいい」という世間一般の意見とは真逆の意見をいい、切れ者っぽい独自の理論で視聴者を納得させ、良くも悪くも注目を集めるというフォーマットが流行っていました。これを社長でもやってみましたが、全然ダメでした。社長の意見が動画映えするも

のではなかったので、あまり社長に向いていないなという感じで、代わりに私が台本を書いてそれっぽい意見を作っても、そもそも社長は台本を読むのが苦手だったので、お互いやっていて楽しくないコンテンツになってしまいました。

　当時は会社でエンタメをやっているアカウントも今よりかなり少なかったですし、社長も多少抵抗がありましたが、この件もあり、すぐにエンタメ動画をOKしてくれ、2021年5月から会社エンタメ動画に全振りをはじめました。

■2021.05 〜会社エンタメに全振り
TikTokでも、経営者の考え方や、やや真面目なコンテンツを投稿していたが、エンタメに特化したコンテンツに切り替えることに。

　入社して5か月くらい経ち、なんとなく社長のことも理解できて、「この人いじられるのが好きなんだ」と感じるようになり、基

本的に部下がツッコミの形で動画を作りはじめました。エンタメ動画をはじめて、徐々にフォロワーが増えはじめ、2021年10月に「部下ガチギレシリーズ」でプチバズりしました。部下が電話口で相手にキレていて、社長がそれを心配そうに見守り、電話が終わった後、「相手だれ？」と社長が聞くと、「iPhoneの天気予報」や「スマホゲームの広告」といった的はずれだけれど共感性のある答えが返ってくるという動画だったのですが、TikTokでの再生数が高く、そのときにフォロワー数が1万人になりました。

■2021.10 〜部下ガチギレシリーズ
会社エンタメコンテンツを試行錯誤する中で、ちょいバズりをするフォーマットを見つけ、フォロワーが1万人を達成。7月からYouTube Shortsがはじまり、8月から投稿を開始。

また2021年7月からYouTubeにShortsの機能が実装され、私たちも2021年8月からTikTokに投稿していた縦型の動画をYouTube

Shortsにも投稿しはじめました。

　それ以降も会社エンタメ動画を日々試行錯誤し続けていましたが、TikTokでは徐々にフォロワーが増えていくけれど、イマイチ伸び切らない、YouTubeはまったく伸びない、という状況が2022年3月ごろまで続きました。

　当時の考え方としては、一度「部下ガチギレシリーズ」で数本再生数のいい動画が出て、そのときにフォロワー数が伸びたので、同じ構成の動画でバズることが大事だと理解し、「会社×エンタメ×○○」でシリーズ化にできそうな題材、動画の構成を試してみて、ちょっと数字が良かったら、その中の何が良かったのかを考察して、次の撮影に活かすということを繰り返していました。

　その中で、2021年1月ごろに投稿した、社長のかっぱえびせんを勝手に食べるという動画が、TikTokでは他の動画よりも少し再生数や視聴者の反応が良く、当時のTikTok全体の平均再生回数は6〜7万回だったのに対し、この動画は10万回再生を超えました。そこで、「勝手に社長の飲み物を飲む動画」や、別パターンで「社長のかっぱえびせんを食べる動画」を作りました。別パターンの動画も再生数が高く、「かっぱえびせん」がウケるのかもしれないと思いました。

　さらに別パターンを考える中思いついたのが社長からお菓子などを奪うのではなく、与えてみようというものでした。では、どんな与え方をしたら嫌かなと思案し、その日のお弁当箱の中身がすべて

かっぱえびせんだったら嫌なのではないかということから、動画を撮影し、投稿したところ、TikTokで20万再生を取ることができました。私はそのとき、「今回ウケた要因はかっぱえびせんではなく、弁当箱という部分だったのではないか？」と思いました。

〚 TikTokで20万回再生を記録した「お弁当箱」×「かっぱえびせん」 〛

このころから、会社で料理のコンテンツをやりたいと考えるようになりました。当時、料理系の動画が流行りはじめていましたが、レシピ紹介や料理だけに重きを置いたものが多く、エンタメとうまく掛け合わせている動画はありませんでした。きっと、事務所で社長の席の目の前で中華鍋を振り、奥で社長が呆然としていたら間違いなく面白い。これならインパクトのある動画にしつつ、社長の

キャラクター性も見せることができると思ったのです。このアイデアを早速社長に提案したのですが、非生産部門なのに経費がかかるということもあり、最初はOKが出ませんでした。ですが、私としては、どうにかOKを出してもらいたかったので、まずはかっぱえびせんのときにいいと感じた弁当箱でシリーズ化し、その中で徐々にミニマムな料理をはじめていくことで、動画の再生数が高ければOKしてもらえるのではないかと考えました。

2022年4月ごろから「2段弁当が両方パンパンのチョコ」や1段目がプリン、2段目がカラメルの「一対一プリン」など、弁当箱を開けたときのインパクトを重視した動画から、徐々に料理に移行していき、弁当箱の中に具材が入っていて、それを固形燃料で調理する「デスクでカレー作ってみた」や「デスクで天ぷら揚げてみた」という動画を作っていきました。すると動画の再生回数もどんどん増えていき、5月初めにはTikTokのフォロワーが10万人を超え、YouTubeの登録者数も同時期から伸びはじめ、5月末に10万人を超えました。こうなると社長もOKを出さざるを得なくなり、私はやりたい放題の無双状態に入りました。会社でホタテを焼いたり、チャーハンを作ったり、ありとあらゆる料理を作りまくるようになりました。

■2022.04 ～会社料理シリーズ
お弁当の中身を変えるドッキリから、会社で料理のコンテンツに派生。
この時期からバズりはじめ、5 ～ 6月でフォロワーが30万人増に。料理シリーズから週3投稿に切り替える。

　これが私たちの現在のフォーマットを完成させるまでの、ざっくりとした動画の推移です。ちなみに建設業の動画はショート動画と並行して2021年11月ごろまで続け、それ以降はエンタメ系のショート動画に集中し、2022年5月ごろ、バズりはじめた後から、エンタメ系の横動画を投稿するようになりました。

5章

効果的な撮影と
効果的な編集

SNSでの動画撮影と編集のコツ

✓ ノーカットとカット編集ありのフォーマットの共通ポイント

　動画のフォーマットにはさまざまな種類があります。それに応じて撮影方法や編集の方法が変わってきますし、AIや写真、イラスト素材だけで構成される動画もあるので、そもそも実写の動画撮影が必要ない場合もあります。

　私たちの料理動画の場合は4章で解説した通り、カメラを長回しして、15分から1時間程度の撮影素材を編集し、1分程度にしています。

　以前の会社エンタメ動画では、台本まで書くことはあまりありませんでした。ある程度流れを決めて1分程度の撮影素材を作り、ほぼカットなしで編集しているのがほとんどでした。現在の料理動画にフォーマットが変わってからは、料理を作るのにある程度時間がかかってしまうため、それを1分にまとめようとしたことで、カット割りのある現在のフォーマットになりました。

　どんな動画を撮りたいかによって、最善の撮影方法は変わりますが、個人的には、現在のフォーマットの方が面白い動画を作りやすいと思っています。ショート動画を作っていく場合、「ワンカット

で撮影したものをそのままの長さで編集する」のと「カットありで撮影したものを時間内に収まるように編集」という2つのパターンが多くなると思います。どちらにも共通のポイントがあるので、解説していきたいと思います。

■ノーカット編集の場合

　動画の流れと撮影時間を決めておき、撮影した素材をほぼカットなしで使う手法になります。撮影したほとんどの素材を使うため、あらかじめ台本を作っておいたり、セリフを決めておいたりすることが非常に重要になります。

　また、掛け合いの場合は、何回会話のラリーをするか、オチをどこに持ってくるかなどを決めておく必要があり、動画の初めから終わりまでをしっかり見通しておくことが重要になります。

　さらに、ワンフレーズをしっかりと言い切らないと安っぽい棒読みの動画になってしまうので、被写体に演技力が求められる場合もあります。ですが、撮影尺が短いため、事前にしっかり準備をしておけば、撮影時間も短くて済みますし、編集の工数も抑えられるので、動画を量産しやすく、編集の技術もそれほど高い能力は必要ないので、動画初心者の方でもはじめやすい撮影スタイルです。

■カット編集ありの場合

　長めに撮影した素材を編集して、1分程度にまとめる動画です。

私たちの料理動画をイメージしていただければと思います。フォーマットの中で、ある程度決まったフレーズや作業工程があり、そこにフリートークを落とし込み動画内での話題に幅を持たせています。

　私たちの場合は、料理なのでレシピ考案や買い出しなどの撮影前準備が必要になります。ですが基本的に台本などはなく、そのときの流れで話したくなったことを話し、この話題を動画で使いたいことだけ決めています。その分、ある程度面白いくだりができるまでは話し続けなければいけないので、撮影は長くなる傾向にあります。また、撮影素材が長いので、編集にかかる時間も長くなりますし、難易度も上がります。動画の必要箇所の切り出しやテンポ感など比較的高い編集技術が要求されますが、一度フォーマットをしっかり作り込めれば、継続的に安定した再生数を確保しやすいのが特徴です。

　この2つの編集方法を含むさまざまなフォーマットに共通するショート動画作りにおけるポイントがあります。

　「不必要なものを削ぎ落とし、必要なものを凝縮する」ということです。

長回しで撮影した素材（15分）

編集した動画（1分）

😐 視聴者に伝えたい印象・流れ・ストーリー・メッセージを考えたうえで、社長の表情・声の大きさ・カット割の順番・テロップを素材から切り出してすべてのカットに意味を持たせて編集する

　基本的にショート動画は60秒以内で動画を完結させます。不必要なものを入れている時間がないのです。4章の「冒頭の10秒」を見ていただければわかると思いますが、次々にインパクトを与え展開させているので、意味のないカットを入れておける余裕はありません。つまり、意味のあるカットだけで動画を構成すべきなのです。

　ここで言う「意味のあるカット」とは、何かを説明しているとか、手順を見せるとか、情報を与えることだけではなく、テロップや表情を見せるために必要な間だったり、笑いを生むための掛け合いだったりします。逆に言うと、説明や手順であっても、本当にその尺が必要か、もっと簡単な言い回しで短縮できないかなど、見直すところは多くあります。

　ノーカット編集の場合はこの「意味のあるカット」を事前に見通して、すべてが必要なシーンになるように台本や流れ、カメラを動かす動線を作っておかなければいけません。

　また、カットありの撮影の場合は、このシーンはなければいけな

いというシーンを撮影時に確実に確保し、そのうえで編集により「意味のあるカット」を作っていくことになります。自分の中で、なぜこのカットは必要なのか、基準を見つけ理由付けができるように編集していきます。私も編集が終わった後、ワンカットごとになぜこのカットがあるのか説明できるようにしています。理由を説明できないカットが入っていると、伝えたいこと、笑わせたい箇所がわかりづらいぼやけた動画になってしまいます。難しく感じるかもしれませんが、「なんとなく必要だと思った」というカットがあったとしたらなぜそう思ったのか言語化してみてください。最初はうまく言語化できなくても大丈夫です。徐々に訓練していきましょう。

✔ 上司にタメロで話す理由

　私は動画の中で、社長と部下という関係であるにもかかわらず、社長に対してタメ口を使うことが度々あります。私自身、そもそも口が悪いというところは否定できませんが、それを差し引いても、タメ口を使うのには理由があります。

　動画をはじめた当初は社長に対し、タメ口を使っていませんでした。社長と知り合って日が浅いということもあり、社長のキャラクターを把握しきれていなかったからです。そのため、社長の素のキャラクターがどんな人かよりも、こういうことを言う人が優れているように見える、こういうことを言う人がバズると、キャラク

ターを社長に押し付けていました。

　時には「このまま読んでください」と台本を書いたこともありました。ですがそもそも社長は台本を読むのが苦手で、私の書いた台本の内容にあまり共感していない状態で動画を撮っていたため、撮影自体もうまくいかず、動画の再生数は全然伸びませんでした。

　社長と一緒に過ごす時間が増えていき、キャラクターを理解していく中で、「この人はイジられるのが好きなんだ」と思うようになりました。実際に社長に聞いてみところ、人を怒ったり、鋭く指摘するいわゆる上司的な立ち回りより、自由にふざけたりイジられている方がやりやすいと教えてくれました。それからは社長のキャラクターを存分に活かし、基本的には部下の私がツッコミで、社長が好き勝手にやるような流れで動画を作っていきました。その過程で社長のボケに対して、敬語でツッコミを入れてしまうと、部下が遠慮しているように見えて、面白くなくなってしまうシーンが出てきました。そこで、タメ口でツッコミを入れてみました。そうしたところ視聴者の反応も良く、何より社長が喜んでいたのです。

　私たちの場合、基本的には敬語ですが、会話の中で私がタメ口でツッコミを入れることは、カメラが回っていなくても日常になっています。もちろん、お互いへのリスペクトや信頼関係があってこそのタメ口ですが、動画の中で「失礼」という認識よりも「面白い」という認識が勝つのであれば、私は目下の人間でもタメ口を使っていくことは有効だと思います。ただ、これは万人に理解してもらえ

るわけではありません。人の価値観や受け取り方はそれぞれです。私たちの動画は基本的には面白いと言ってもらえますが、視聴者の中には、少数ではありますがこのタメ口が受け入れられない方もいます。コメント欄で「なんて失礼なやつだ」と書かれることもちょこちょこあります。特に気にはしていませんが、このことを念頭に置いておくと傷つかずに済むでしょう。

また、動画とは少しそれますが、私が目上の人にタメ口を使う理由がもうひとつあります。それはコミュニケーションツールとしてタメ口が優秀だということです。普段は敬語だからこそ、イレギュラーなタメ口が威力を発揮するときがあります。タメ口を使う相手やタイミングは重要ですが、「失礼」という認識よりも「面白い」という認識が勝った場合、基本的に許されます。そして相手との心理的な距離を意図的に縮めることができます。社長に対してはこれが非常に有効だったので、今のようなコンテンツの掛け合いが生まれたのだと思います。

部下＝ツッコミ　　　社長＝ボケ

☺ 撮影の際に対話していく中で、社長がボケで部下がツッコミという役割がしっくりくるようになった。
ツッコミは時としてタメ口の方が流れ的に適切な場合が多いので、自然と部下がタメ口になった。

😊 タメロで話すことで、相手（社長）との距離をグッと縮めることができる

✓ 決め台詞の重要性

　いろいろな人のショート動画を見ていると、「決め台詞」を言う人がいます。 私たちの動画では、部下が料理をしはじめると社長が「おいおいおいおい……」と止めようとして決め台詞を言い、料理を食べたら大声で「うまーい」と絶叫するところが決め台詞になっています。

　社長が「うまーい」と叫ぶことでハイテンションな面白さを演出し、大声というアクションが視聴者的にもインパクトを残します。大声でインパクトを生んでいると言い換えることもできます。

　どうして「うまーい」が決め台詞になったかというと、最初は「何か決め台詞が欲しいな」と思っていました。いろいろ考えてい

たのですが、あまりいいものが思い浮かびませんでした。そもそも決め台詞が欲しいと思ったのは、やはりキャッチーだからです。ショート動画は縦スクロールで次々に見られるので、動画を出している人の名前は別に気にしません。「あの人かわいかったな」とか「面白かったな。もう1回みたいな」と思っても、名前を覚えていないことが多く、調べようがないという経験、皆さんもあるのではないでしょうか。

　だから、せめて何か決め台詞があれば、「何々の人」で認識してもらえると思いました。「会社で料理の人」だとわかりづらい ので、「おいおいおいの人」とか「うまーいの人」のように。一発で「〇〇の人」とわかるようにするために決め台詞を作りたかったというのが大きな理由でもあります。

　また、動画がバズってある程度有名になり、リアルイベントや他メディアに出演することになった際、武器になるとも考えていました。お笑い芸人さんなどと同じで持ちネタのようなものがあればキャッチーで親しみやすいし、他のクリエイターさんからも話題を作ってもらいやすいです。

　そんなことを考えながら試行錯誤していった結果、「うまーい」と「おいおいおいおい」が決め台詞のような形で落ち着きました。正直どちらも日常会話で出てしまうような普通のワードです。

　決め台詞でもなんでもないので、社長は「うまーい」を意識せずに使っていました。ただそのフレーズを言う状況とインパクトが相

まって面白いものになって、視聴者から「おいおいおいの人だよね」と認識されるようになってきました。

「おいおいおい」や「うまーい！」といった決め台詞があることで、「〇〇の人」として、認知度が向上する。

　意図したものというよりも、偶然の産物で自然とそうなった感じです。あとは「おいおいおいの人」と言われるようになりはじめてからは、いつ「おいおいおいが出るか」というような見方をする人が出てきて、身内ネタっぽいお笑いも取れるメリットがあります。身内ネタっぽい笑いがあると、そのことを知っている人はいつもと違う笑い方ができます。そうなると、気持ち的にも、それがわかる常連さん的な優越感も生まれます。そういう意識づけをさせたかったという意図もあります。

　動画の冒頭に言う強い言葉だったり挨拶のような、例えば「僕は東京の大学生」というフレーズが一時期流行りました。ひとりのク

リエイターの動画の冒頭で使われていたのですが、汎用性が高いことから「僕は宮城の社長」という形で多くの人に使われました。

　ただし、決め台詞は狙って作れるほど簡単ではありません。動画をアップしながら次第に見えてくるものですから、あせらず探してみてください。

✔ 演者のキャラクターの作り方

　動画を作っていくうえで、演者にキャラクター性をつけていくことは非常に重要です。先ほども解説した通り、「○○の人」のような印象を持ってもらうためにも、キャラクター性は大きな意味を持ちます。

　キャラクター性というのは、ある意味、天性的なところもあります。皆さんの友人やお知り合いの中にも、すごく容姿が整っていたり、性格が底抜けに明るかったり、「この人って魅力的だよね」と思ってしまう人はいると思います。動画映えするかどうかはさておき、そのような人は元々期待値が高いと言えます。SNSを運用していくメンバーの中に必ずそのような人がいるとは限らないので、撮影編集の中でキャラクターを作っていかなければいけません。私たちがどのようにキャラクター性を作っていったのかご紹介します。

　まず、社長のキャラクターについてです。社長はどちらかという

と元々明るいタイプでカメラを向けられるのにも抵抗がなかったので、それをどう見せていくかという問題でした。最初は、「切れ者経営者」のような見た目が一番良いだろうと思い、台本を書きましたが、まったく合わず、すぐに路線変更しました。その後は「上司にタメ口で話す理由」にもあるように、社長と話し合いをした結果、社長がボケで私がツッコミをする形になりました。その場合は「社長だけど、ちょっと抜けている優しいおじさん」のようなキャラクター性が良いのではないかと思い、部下に何を言われても笑って許してしまう、怒っても言い返されてしまうといった動画案を作っていきました。このキャラクター性が土台にある中で、現在はそこに大声で叫ぶひょうきんさが加えられており、社長には撮影の最中は自分がやりたいようにやってもらい、その中で、パワーバランス的に社長がちょっと部下よりも下に見えるように、社長がしょんぼりしている表情をアップにしたり、部下に言われている言葉以上にテロップで強い言葉を入れ部下が強く見えるように編集で調整しています。また社長から引き出す言葉や表情についても、ある程度一緒に動画を作っていく中で、こんな言葉を投げ掛ければこんな表情をしてくれて、こんな言葉が返ってくる、というようなことが大体わかってきたので、こんな台詞が欲しいなと思ったら、その台詞が出るようにこちらから言葉を投げかけたりもして社長のキャラクターを作っています。

　次は私、「部下」のキャラクター性についてです。これは私自身

のことになるのですが、社長のキャラクター性と対になるように作っています。「部下なのに態度がデカく、わがままだけど優秀に見える」という感じです。撮影の中で、強いツッコミと優しめのツッコミを使う部分を作り、編集であまりキツく感じられすぎない箇所と、するどく笑いを生める箇所を使い分けています。また私の場合は編集を私が行っているとわかるように編集しているので、直接私が発しているツッコミを使う部分とテロップのみでツッコミを入れる部分を使い分けています。そうすることにより、動画に写っている部下と編集後に出てくる第三者的な部下がいることになるので、印象を操作しやすく、自分が見せたいように見せることができます。

キャラクターを作った後も、それに納得して続けていけるかが大切になります。登場人物がひとりの場合などは問題ないですが、2人以上だと一方のキャラクター性が必ずもう一方のキャラクター性に影響を与えます。

例えば私たちであれば、僕が僕自身を強く見せれば見せるほど社長はポンコツに見えます。相対的にそうなってしまいます。年の差もありますし、社長自身がこの見られ方に納得できなければ続けていくことはできません。

お互いが納得していないうちに見られ方が歪んできてしまうと、それを正常に戻すまでにも時間がかかり、続けていくのがしんどく

なってしまいます。そこは互いの納得のいくような形でバランスをとっていきましょう。

　ちなみに私は編集について、社長から文句を言われたことは一度もありません。

　「お前ばかりが面白いようにするなよ」とか「ポンコツ社長に見られるのが嫌なんだけど」という不平不満が少なからずあるはずです。しかし、一切言わないのです。これは本当にすごいことだと思います。あの腹の座り具合は並ではないと思います。まだ、TikTokもYouTubeもバズっていなくて登録者数も伸びていない何の成果も出ないときからそうだったので、完全に私のことを信頼してくれているからできることなのかもしれません。　最初のうちはフォーマットも決まっていなかったので、「これはどうかな」というラインは打ち合わせをしたりしていましたが、そのときにも私にケチをつけたことは一回もありませんでした。「こう見られるのは嫌だ」と言われたこともないです。フォーマットができて料理動画になり、見せ方が変わっても何も言われませんでした。だからといって、私に任せっきりということではなくて、しっかりと信念を持って、自分でも演者として携わっているところはすごいと思います。

　SNS担当者と管理する経営者が分かれている場合、管理側の方はぜひここだけは弊社社長の姿を見習っていただきたいです。

仕事がしんどくて 辞めたい友人が いるんですけども

社長が、
演者に徹すること
でキャラクター
性が際立つ。

　社長からは全幅の信頼をいただいていて、撮影のときさえきちんとしていれば、あとは大丈夫と思っているようです。　企画のことに関しても、基本的には口を出さないですし、私がやると言ったものに関しては、何か「あれ？」と思っていたとしても「啓太がやりたいならやっていいよ」と言ってくれます。

動画撮影していくうちに、
部下（SNS担当者）が
社長（動画出演者）に

「こう言うとこう返してくる」

が見えてくる

演者と対話していくことでキャラクターは作られていく

フィードバックを読み取って
次に活かそう

✓ コメントとエンゲージメントについて

　YouTubeだけでなくTikTokにもコメント機能があります。コメント欄を開かなければ、コメント数はわかるけれど、実際に良いコメントなのかアンチコメントがたくさん書かれているのかまではわかりません。

　TikTokではコメントを誘発することを狙って、そのための動画を作っているクリエイターもいます。ランキング発表の動画を作って1位だけコメント欄を見るようにするというのがその一例です。そういったクリエイターがいることからも、コメント数や「いいね」数などが多くてエンゲージメントが高ければ、おすすめに載りやすくバズりやすいという定説があります。コメントが多かったり、シェアが多かったりすると良い動画と認定されると言われています。

　例えば、先ほどランキング発表のショート動画を作って、5位から2位まで動画で発表し、「1位はコメント欄にあります」と言われると、視聴者はみんなコメント欄を開きにいくわけです。そのと

きに動画を止めずにコメント欄を開くと、TikTokの場合はその間も動画が回り続けています。視聴者がコメント欄を探しているうちに後ろで動画が回るから視聴維持率が100％を超えて良い動画として見なされるのです。別の例では、動画の最後に「こういう人はコメント欄に書いてみてね」と言ったりすると、ある程度コメントが増えます。こういったことをやっている人はかなりいます。 また、TikTokでよくあるのが、「共有からLINEを開いて何番目の人は、あなたのことが好きな人です」とうながす動画が多いのですが、これは共有を開いた時点でシェアしたことにカウントされてエンゲージメントが上がるからです。 動画の善し悪しとは関係ないところでシェアを開かせる仕組みを作って、シェアに飛ばして、シェアがたくさんついているからおすすめに紹介されて動画がよく回るというサイクルを仕組み化しているだけなのです。この場合、純粋に動画のクオリティが高くて、そのクリエイターが好きだからコメント欄を開いているわけでもないしシェアしているわけでもありません。おそらくコメントやシェアがたくさん付いているように見えるけれど、実際にはその人のことを好きかどうかとはまったく関係ない状況になってしまっているのです。私自身、試しにコメント誘発をしたことがあります。動画の内容に絡めて、最後に「何々のコメントしてみて」「何か教えてね」と紹介しました。

　また、アニメや映画、テレビなどの広く知られている題材に出てくる料理を作った動画ではそのアニメのその料理が出てくる回での

台詞を概要欄に書いて、「○○のアニメじゃん！」というコメントを誘発しました。センスのいい視聴者の方はその台詞に対する他のキャラクターの返事の台詞などを書いてくれます。それにより、視聴者とコメント欄でコミュニケーションをとることもできるので、エンゲージメントの面だけでなく、次の動画への期待感なども高めることができます。

実際にやるかやらないかは別として、TikTokでバズらせるためのひとつの方法として知っておくと役に立つことがあるかもしれません。

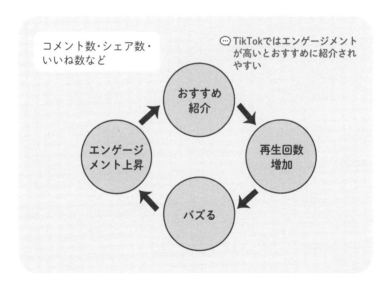

✓ 視聴者からどう思われているか知る

　動画を配信していくうえで、当たり前ですが視聴者から面白いと思ってもらうことは必要です。

　テレビだといろいろな人が関わっていて、いろいろな役割の人たちが一緒に働いています。例えば、テレビ番組に出演するタレントの中に面白いことをするのが役割ではない人がいたりします。しかし、共演者のまわし役の人が面白かったら番組として成立します。

　ところが、YouTubeやTikTokでバズるためには、参加する人がみんな平均的に面白くなければいけないことが多いです。出演者がひとりのこともありますし、多くても4〜5人といったところでしょう。テレビでひと番組に出る人の数からすると、やはり少ないといえます。少人数で行うため、ひとりにかかる役割が大きくなります。かっこいいかわいいというジャンルはまた別だとしても、面白いことでバズりたければ、ひとりだと役割分担ができませんから、企画、演出、編集を少人数で受け持たなければならなので厳しいのです。

　その点で、すべてを度外視して面白いのではなくて、きちんと時流を読んで、世間が今どう思っているのか、自分がどう思われるのかを客観的にわかったうえで「面白い」ということを理解することが必要です。

　自分がどう思われているのかという分析は、動画のコメント欄を

見て判断できます。コメントを読むと、動画を見た人が何を感じ、何を思っているかある程度把握できるでしょう。「社長のうまーい好き」というコメントが多ければ、今回の社長のうまーいの言い方、編集での見せ方は良かったんだなとか、「○○って言っちゃう部下さすが」というような私のツッコミへのコメントが多ければ、こういうツッコミであれば面白いと感じてくれるんだと判断することができます。後は動画の心証が良いか悪いかに関しては、「いいね」数や再生回数、視聴維持率でわかるので、そこは常にチェックしましょう。

　また、アンチコメントに対する見方について、100万再生の動画が出 たときに1000件のコメントが来たとします。そうすると、100万再生のうちの1000件は0.1%ということになります。そのうちの10件がアンチコメントだった場合、全体の0.001%です。これだけのコメントを気にする必要はあるのでしょうか。そうやって考えることで、私はアンチを心の中で処理しています。

　ただ、この考え方で問題なのが、視聴者のうち0.1%の人が実際コメントしているけれど、残りの99.9%の人たちはコメントはしていません。人間は、どんなことでも見た瞬間に感情が浮かぶものです。それを言葉にするかしないかという判断では、大抵の人が言葉にしないことを選んでいるのです。

　言葉にするかしないかだけで、割合としてはある程度アンチコメント的な感情を抱く人がいるはずです。1000件のコメントの10件が

アンチコメント、つまり全コメントの１％がアンチコメントだとしたら、コメントは書かなくても同じ感情を持つ人の割合は同じとして、100万再生に対して１％、つまり「嫌だな」とか「アンチコメントを書きたいな」と思った人が１万人程度いるという状況として捉えなければならないと思っています。

　例えば、「この料理美味しそう」とか、「社長が心配です」みたいなコメントを書いてくれたとします。そこのコメント欄に来たのが、100人の視聴者のうち10人だったとしたら、見ているだけの人のうち、１割ぐらいはそう思っていると捉えておくことが大事だと考えています。コメントを書かないけれど、そう思っている人はいるだろうという想定で私は物事を捉え、見ている人がどう思っているかを推測します。

　その１％のために遠慮したり思いとどまったり、やりたいことを変える必要はありません。コメントの内容にもよりますが、単に口が悪いだけならまったく考慮しませんが、表現が過激だったり、「これはさすがに危なすぎるんじゃない？」という正当なコメントについては、多少は考えますが、基本的には何もしません。基本的にアンチコメントは気にしないのですが、理屈が通っているものに関しては、多少考えたりはします。コメントを俯瞰で捉え、この動画に対して視聴者がどんな感情を抱いているかを自分の中で理解していきます。

リクエストに応えない理由

　私は基本的に、視聴者からのリクエストに応えないようにしてきました。2024年からは少しずつ応えていますが、それまではほぼ応えてきませんでした。応えなかった理由はいくつかあります。

　参考にしていただけたら幸いです。

　まず、私が面白いと思ったものを面白いと思ってもらいたい気持ちが強かったからです。自分で企画をして、社長と撮影をして、編集したものが一番面白い動画でなくてはいけないと思っていたため、そこに他者の意見を取り入れていくのは、まだその時期ではないと思っていました。もちろん、料理の知識のアドバイスや客観的な考察など、ためになるコメントもありましたが、読みはしても参考にはしないようにしていました。それがクリエイターとしての力だと考えていたからです。

　また、このコンテンツについて自分が一番時間をかけて考えているという自負もありました。「おいおいと言われたら料理をやめてみてください」とか「社長に不味いものを食べさせてください」といったコメントを多くもらうことがあります。意見多数ということは、人気が得られるのではなく、誰でもすぐに思いつく程度のアイデアということになります。この料理動画について一番よく考えている私がそのアイデアを思いついていないわけがないですし、やらないのには理由があります。私自身このフォーマットを長く続けて

いくために、インパクトの調整にはすごく気を使ってきました。その中で、これらのアイデアはシリーズにできないし、一瞬の面白さに依存していると考えています。確かに1回くらいやってみても良かったのかもしれませんが、私の中で納得できていないものは極力排除していました。視聴者のリクエストに応えることで、リクエストをしてくれた視聴者に喜んでいただくこともできるし、それをメインコンテンツにして多くのファンを獲得しているクリエイターもいます。また、そのアイデアから自分たちの新しい動画が生まれることもあると思うので、悪いことだとは思いません。ただ当時の私は、「面白いからまた見たい」、「面白いからファンになりました」という純粋な面白さで勝負したかったのです。

　自分で企画した動画が一番おもしろくて、それをおもしろいと言ってもらいたいという気持ちは変わりませんが、私たちは2024年から、リクエストを少しずつ受け入れています。

　多くの人に動画を見てもらうためにも、もっとファンの方とのコミュニケーションを大事にしていこうと考えているからです。

　これまでの私のリクエストを受け付けない姿勢は間違っているとまでは言いませんが、かなり尖っていたと思います。ただ、「面白いからまた見たい」と思ってもらえることは動画を運用していくうえで、基本になってくることなので、そこには執着して動画を作っていってもらいたいと思います。

✔ 安易なパクリが危険な理由

　私はコンテンツを作っていくうえで、日々膨大な時間をSNSを見ることに費やしています。その中で、ネタの引き出しを増やしたり、トレンドをチェックしたり、純粋にエンタメとして楽しんだりしています。これまでの話の中でも出てきた通り他のクリエイターや流行を参考にすることはありますが、パクることはほぼありません。

　ただ、SNSの界隈、特にショート動画では、常に多くの動画が生み出され、パクられるということが繰り返されています。現に私たちの動画も、一語一句完全に同じ台詞同じテロップで動画を配信している方々を見つけたりもしました。

　私が動画をはじめたときから気をつけていて、コンサルティングをするときにも必ず注意してもらうことが2つあります。

　ひとつ目は、「安易に音源やダンスに頼らない」ということです。今ではある程度認識も変わってきましたが、元々縦型のショート動画はTikTokからサービスが開始され、当時TikTokは15秒までの制限があり、投稿されている動画も音源を重視したダンス動画が多かったため、未だにどんな動画からはじめたらいいかわからない方々がとりあえずかわいい女の子を演者にしてダンス動画を投稿することがあります。バズる可能性がないわけではないですが、コンテンツ過多の現在で勝ち抜くのは厳しいですし、もしそれでバズっ

たとしても、企業として何かを得るのはさらに難しいでしょう。

　2つ目が、「トレンドのフォーマットに依存しない」ということです。ショート動画界隈では、時折、汎用性が高く真似しやすいフォーマットが生み出されます。2023年だと「なぁぜなぁぜ」や「着ている服の紹介」のフォーマットです。このようなフォーマットはすでにバズっていて、アルゴリズム的な優位を取りやすいため、パクリや、一部をアレンジした形で多くの動画が作成されます。それ自体は悪いことではないですし、面白い動画が作れることも多くあります。ですがこれに依存してはいけません。確かに再生数は取りやすいというメリットはあるのですが、動画の一番のインパクトを他者のパクリに依存しているので、オリジナリティがありません。オリジナリティがなければ、元の動画を超えることはできませんし、飽きられるのも早くなってしまいます。

　数年前、ビジネスや自己啓発の世界で、「TTP」という言葉が目を集めました。この言葉は「徹底的にパクる」の頭文字を取った造語で、ある種の流行りとなっていました。しかし、TTPをベースに作られた動画について、私はひとつの確固たる信念を持っています。それは、徹底的にパクって作った動画がどれほどバズっても大したことはないということです。パクったものは、どう頑張っても価値は低いということです。

　私が大事だと思うことは「自分にだけ再現性がある動画」を作ることです。これらのようなフォーマットは非常に優秀で、多くのバ

ズリを生み出してきました。逆を言えば、再現性が高いため簡単に
フォーマットを引用でき、多くのクリエイターにパクられ、誰が本
家なのかわからないという状態にもなりました。悪いことではない
のですが、多くの人にファンになってもらうためには、再現しよう
と思っても再現できない、唯一無二のコンテンツを作ることが重要
なのです。

　一時期企業でSNSをはじめたい方々が、最初に私たちのコンテン
ツの真似からはじめるということが多くありました。ですがトーク
力、料理のクオリティ、編集力、どれをとっても私たちには追いつ
かず、そのほとんどが今では別のフォーマットを運用しています。
難易度の高い話にはなりますが、私たちもまだまだこれから動画
作りを頑張っていきますし、せっかくこの本を手に取っていただい
たので、一緒に動画作りを頑張っていけたら嬉しいなと思っていま
す。

6章

SNSをビジネスに
活用するうえでの
最大のメリット

バズって得たもの

　ここまでの2～5章で、私たちが作ってきた動画、そのポイントについて解説してきました。そのポイントのすべてを一度で自分たちの動画に反映するのは、すごく難しいと思います。簡単に反映できるものもあれば、知識や技術の蓄積が必要になる部分もあるので、すぐに反映できないものもあります。すべてを身につけることができなければバズれないというわけではないですし、会社ごとに業種、人、場所、SNSに使える時間も違うので、バズりやすい、バズりにくいも出てきます。

　すぐに成果が出ればいいですが、成果が表れてこなければ、精神的にもしんどい日々を過ごさなければいけない可能性があります。周囲からの視線や、試行錯誤するけれど答えが見つからない状況は、苦しいものがあります。私たちも大きな成果が出るまでに一年半ほどかかりました。序章でも社長が話していますが、諦めようとは思わないまでも、このままでいいのかという自問自答の日々は続きました。私のようにSNSの専任で成果が出せなければ赤字部門というような状況の方ばかりではないと思いますが、SNSを運用していくうえで、少なからず似たような状況になると思います。

一番もったいないのが、やり切る前に会社として早い段階で見切りをつけてしまうことです。

　経営者の忍耐や担当者のモチベーションが欠けてしまうと、続けていくことが困難になります。気持ちの問題と言ってしまえばそれまでですが、成功させるための目的意識や覚悟が必要です。そのために私は動画のフォーマット作りや勉強をする前に、SNSを使って何をしたいか明確にしましょうという話をさせていただきました。2章で物販、集客、リクルート、有名人化と分類して、ある程度説明しましたが、実際にどのようなものを私たちが得られたのか、動画の作り込み、SNSの作り込みとどのようにリンクしているのか、この章で説明させていただきます。SNSのモチベーションを保っていくうえで参考にしていただければと思います。

業種とショート動画

　企業がSNSを運用していくうえで、どのように売上につなげていくか、ということが課題の大半を占めます。今では、それがショート動画でなくても、写真、文章のみでInstagramやX（旧Twitter）を運用している企業も多いですよね。多くなってきた分、差別化もしづらく、さらに大きな成果を得たいからこそショート動画に挑戦するということだと思います。

　私たちは建設業の会社です。もちろん建設の売上を上げたいと

いう目的もあり、SNSを運用してきました。しかし正直、ショート動画と建設業は相性が良くないのです。相性が良くないというのは、動画を視聴していただいて、弊社のサービスに興味を持ってくれて、仕事の依頼が来て、実際に仕事をさせていただき、代金をいただくまでの流れが遅いことと、私たち自身がしっかりお客様を選ばなければいけないということから来ています。

　建設業のサービスというのは、新築したい物件、または改修したい物件があった場合、現地調査をして、見積もりを出して、価格交渉を行ったうえで受注し、工事をはじめ、納期までに納めて代金をいただきます。物件の大きさにもよりますが、動画視聴から受注まで2〜3か月程度はザラにかかります。2章の「TikTokはバズりやすく、YouTubeはファンがつきやすい」でも解説した通り、ショート動画によって起こせる購買意欲はそれほど高くありません。人の購買意欲は動画を見ているときがピークでそこから下がっていくので、受注までに時間がかかる業態はあまり向いているとは言えません。さらに建設業は大きな金額が動きます。何千万円というお金が動くことも珍しくありません。そのため、私たちも動画を見て仕事を依頼していただいたクライアントに支払い能力があるかをしっかり見極めて、受注をしなくてはなりません。そうなると、完全に新規の県外など私たちが不慣れな地域のクライアントから仕事をいただくということはハードルが少し高くなります。

このように、ショート動画を活用していくうえでも、業種の特色によって、売上が上がりやすい上がりにくいということは大いにあります。売上が上がりやすい例で言えば、スナックやキャバクラ、美容室などです。パターンとしては集客の営業ツールの一環で、実際に接客をするスタッフが演者となり、その人柄にファンをつけることにより、「この人に会いたい」という動機から集客をします。ある程度客単価も高く、受け入れ人数も多いし、リピート率も高いので、建設業のような業態と比べると、売上が上がるスピードも早いです。

初期の段階で陥りやすい失敗の例も紹介します。それは「自社の商品やサービスの紹介をし続ける」、「専門知識を紹介し続ける」パターンです。自社商品やサービスの紹介は悪いことではないのですが、基本的に商品・サービス自体に驚異的な魅力があるか、商品・サービスが流行しているかのどちらかでなければ、失敗しやすいです。例えばラーメン屋さんが自社商品の紹介をするとします。でも、自分で自分たちのラーメンを紹介しているアカウントより、ラーメン紹介専門アカウントが紹介している方が信憑性が高いと思いませんか？　そうなると視聴者の意識的にもいいプロモーションになりません。この場合はラーメン以外で人にキャラクターをつけるか、ラーメン屋を題材にエンタメを掛け合わせて視聴者を楽しませ、行ってみたいと思わせるのがいいでしょう。

また「専門知識を紹介し続ける」パターンですが、これは私たちが初期の頃に陥ったパターンです。その業種に興味がある人が少なく、いくら有益な情報でもバズりづらいのです。

　YouTube開設当初、設備工事に関わるエアコンなどの家庭用電化製品について、一般でも多くの方が抱く疑問を題材にし、役立つ情報を発信していました。当時はYouTube Shortsもなかったため、横動画で発信していましたが、再生数が伸びることはほぼありませんでした。

【梅雨対策】あなたの部屋に必要な除湿機はコレ！

4130 回視聴・2 年前

　私たちもそこから試行錯誤して今があるので、今現在このような状況になっている方がいましたら、4章の「現在の動画フォーマットに至るまで」を参考にしてみてください。

私たちが「建設業×SNS」で
どうやって利益を出しているか

　先程、建設業はショート動画に向いていないと言いましたが、本業に役立っていないわけではありません。必ずしも皆さんに当てはまるわけではないですが、私たちのケースを解説します。

　私たちのSNSが最も役立っているのは、営業ツールとしてです。私たちのコンテンツは「料理」を題材にしているものが多く、また「ながの社長」がいかにも経営者っぽいキャラクターとなっています。そのため宮城県内で複数店舗を経営している、いわゆる宮城の有名な飲食店から広告媒体として価値を見出していただきながら、社長自体も経営者同士のコミュニティを構築しています。なので、その企業様が新店舗を出す際など、弊社にご依頼をいただければ、SNS上での広告まで抱き合わせで受け持てるので、建設から広告までを一貫したサービスとして、複数の県内の企業様からご依頼をいただいています。

　このサービスの形であれば、地元に根付いていることが重要にはなりますが、先程の建設業×ショート動画のデメリットを回避しつつ、他の建設会社やクリエイターと差別化できます。

　また、価格競争や営業活動をしなくてよくなったという側面もあ

ります。基本的に建設業では、建設会社が物件の情報を基に営業活動を行い、クライアントが複数の建設会社に見積もり依頼を出して、質や価格を見たうえで、どの建設会社に依頼するか決めていきます。当たり前ですが、依頼が来る決め手になるのは、価格だけではなく、そのクライアントとの関係性なども含まれます。関係性を高めていくために、建設会社はさまざまな手法で営業活動を行っていくのですが、私たちは、ショート動画を見もらうだけで、その関係値を築くことができます。動画を見て、「面白い」、「この会社に頼みたい」と思っていただければそれだけで営業活動になりますし、先程の建設から広告までの一貫したサービスに価値を見出してもらえ、単独指名で工事の依頼をいただければ、価格競争も省くことができます。

　このように、その業態自体が直接的にショート動画と相性が悪くても、さまざまな要素とビジネスアイデアで、自社サービスに活かしていくことができます。このようなSNSの運用により、動画がバズりはじめた2022年の当社の売上は、動画がバズる前の2021年の売上の2倍になりました。社員やパートナーの数が大きく増えたわけではないので、受注した件数が倍になったわけではないのですが、SNSの営業効果により、より良い条件の仕事を受けることができるようになり、利益率が上がったということです。どんな動画を作っていくかによって可能性は無限大だと思っていますので、相性が悪いからと諦めずに、頑張っていきましょう。

✓ 企業案件と広告収益

　私は入社した当時から、SNS部門の専任として働いていました。現在では建設業とSNS部門で分社化したため、正式には株式会社リンクロノヴァではなく、そのSNS部門の業務だけを切り離した株式会社リセンダーの社員として2023年3月から働いています。どちらも代表は長野が務めているため、株式会社リンクロノヴァの時代と業務の内容は変わりません。株式会社リンクロノヴァのSNS専門代理店のようなものです。

　株式会社リンクロノヴァの時代からSNS部門の専任だったため、なんとかSNS自体でも収益を上げていきたいと考えていました。

　SNS自体で収益を上げていくことは、SNSに絡めて自社の商品やサービスの売上を上げていく先程の内容と比べると、難易度が高くなると私は感じています。動画の作り込み方にもよりますが、その多くが再生回数に起因してくるからです。広告収益は再生数と視聴維持率によって金額が変わってきますし、企業案件についても、アカウントの影響力や視聴者層、動画のジャンルにもよりますが、そもそもある程度の再生数を保てなければ、企業や広告代理店から見向きもされません。ですが、SNS自体で収益を上げていければ、動画の内容によっては利益率が非常に高く、SNSを継続しやすくなります。

私たちはSNS部門での収益として、細かい数字は避けさせていただきますが、毎月平均で200万〜500万円ほどの売上を上げています。

　広告収益を上げていく動画の作り込みに必要なのは、主に冒頭の10秒で視聴者をつかみ、オチまで見てもらうということと、1分程度であるということで、4章で解説した作り込みとほぼ一緒です。その動画フォーマットの平均再生数がどの程度かにより、広告収入の金額が変わってきます。そしてそのショート動画が1分前後で調整できること、1分以上でも見てもらえることが重要になります。

　私たちは作成したショート動画を縦型のショート動画のプラットフォーム（主にYouTube Shorts、TikTok、Instagramリール）すべてに投稿することを推奨しています。2024年2月時点で、TikTokでは収益対象になる動画は長さが1分以上とされています。ですがYouTube Shortsに投稿できる動画は1分以内とされています。そのため、同じ動画でも1分前後で調整し、TikTok用、YouTube Shorts用と作り分けることができれば、作成工数を考えても一番効率よく収益と認知を得ることができます。また、YouTubeで1分以上の動画（Shortsに載せることができない動画）でも飽きさせない作り込みができ、再生数が確保できる場合、YouTubeとYouTube Shortsでは1再生あたりの広告単価が大きく違うので、Shortsのみを運用するよりも大きな広告収益を得られます。

この2点については今後の縦型ショート動画のプラットフォームの運営側の方針により変わることもあるかもしれませんが、この2点の作り込みができ、収益を挙げられているということは、動画として広告的価値があるということになるので、多少のプラットフォームの仕組みの変更があっても簡単に左右されることは少ないでしょう。

　また、企業案件を受注できることも私たちの動画フォーマットの強みといえます。私たちのアカウントも企業アカウントです。ですが、自分たちの事業を全面に出していないため、企業アカウント以外のインフルエンサーと同様に、企業案件を受けることができます。そして何より、私たちのフォーマットは企業案件を受け、商品紹介などをすることに長けています。

　私たちの動画のジャンルが料理なので、受けている企業案件は食品関係の企業様の商品紹介が多いです。食品関係以外の商品やサービス紹介の案件のご依頼もよくいただきますが、バズりはじめた当初は、料理動画のフォーマットに落とし込むことが難しかったので、基本的に断ってきました。

　企業案件受注までの基本的な流れは、広告代理店やその機能を持つインフルエンサー事務所から企業案件の依頼が入り、クリエイターがその条件を受けたい場合は、チャンネル視聴者の男女比や年齢のようなデータを提出し、広告的価値があるか判断していただき、発注となります。企業案件を受けるのに重要な要素は、再生回

数の波が少ないこと（最低ラインが高ければ問題ない）、ファンがついていること、言葉で訴求ができることです。

　案件を打ち出したい企業は、費用対効果をある程度予測したいため、その予測に重要になる再生回数を見積もっておきたいのです。そのため、100万再生か1万再生か二択のクリエイターより、コンスタントに10万再生をとってくれるクリエイターの方が予想がしやすく、費用対効果も出しやすいので、後者の方が重宝されます。

　またいくら再生数が回っても、紹介した商品を買ってくれる視聴者がいなければ企業は利益を出せません。商品やサービスの認知ということで購買率を気にせず広告を打つ企業もありますが、基本的に元々ファンがついているクリエイターに依頼した方が、購買率が高いため、ファンがついていることは重要になります。そして言葉で訴求できることが大事だと私は考えています。私たちのフォーマットで言うと主にエンドトークの部分、そして料理の合間のトークになるのですが、この部分が企業案件において非常に重要です。ショート動画は短い分、言語がなくても成り立つ動画も多くあります。そのような動画でも魅力のある商品紹介はできますが、言葉でしか伝えられない情報もあります。食品関係の案件であれば、細かい味の表現や、企業が訴求して欲しい情報に対しての強弱の付け方、キャンペーンや割引などの細かい情報など、テロップでも補えますが、言葉で伝えられる方が視聴者にも響きます。再生数や視聴者層の情報は広告代理店やクライアント企業が判断してくれます。

その数字以上に、視聴者の購買意欲を掻き立てられるかは、クリエイターの表現次第になります。つまり広告的価値が高いと評価してもらったうえで、広告的価値の高い動画を作るためには、しっかり言葉で伝え、クリエイターの思いを動画に乗せることが重要ということです。人は感情の生き物なので、その感情を動画で動かすことができるのは、人の言葉ではないのかと思います。

✓ バズりの副産物

ここまで私たちがどのように、収益を上げてきたのか説明させていただきました。企業がSNSを運用していくうえで、「本業の売上を上げること」が一番重要なことなのは間違いありません。さらに広告収益や企業案件で売上を上げることができれば、文句なしなのではと思います。ですがそれ以外にも私たちが得たものがいくつかあります。

ひとつ目はファンの存在です。会社運営には正直必要ではないし、収益に直接関係しないので、このことについて書くか迷いましたが、私自身、SNSを続けていくうえで非常に重要だと感じています。私たちは世間的には企業でありながらも、同時に「インフルエンサー」という見られ方もします。「インフルエンサー」自体すごく曖昧で、タレントやお笑い芸人など昔からある有名人の括りではなく、スポーツ選手やアーティストなど何かわかりやすい能力があ

るわけでもありません。しかも縦型のショート動画を軸に動画投稿をしているインフルエンサーは、そもそもファンがつきづらい傾向にあり、視聴者から見ても大半のクリエイターが「狭いコミュニティの中で顔は知っている人」くらいの認識です。しかしその中で、毎動画にコメントしてくれるような「ファン」という存在が少なからずいます。動画を投稿して、反応を分析して次の動画を作るというルーティンと感情は切り離すべきだとは思いますが、実際いいコメントをもらえたら嬉しくて、ファンの存在がモチベーションにつながるのは事実です。私自身、リクエストに応えないなど、心無い人と思われがちですが、これは本当です。SNSで何かを発信していく以上、ファンであろうがなかろうが、世間からの反応を受けることになります。その中で自分を肯定してくれる存在は心の励みになるので、大切にしながらSNSを運用していきましょう。

　2つ目はSNSを通しての企業とのつながりです。SNSを運用していることで、多くの方の目に止まるので、そのおかげもあり、建設業をしているだけでは、つながることのない企業の方々とご縁を持つことができました。他の企業クリエイターの方や、飲食事業をしている方々、また農業を営む視聴者の方や、企業案件の連絡をいただく広告代理店の方々など、私たちの動画のジャンルだからこそ、というところもありますが、非常に大切なご縁です。

　実際にこのご縁の中から、SNS関係以外、建設業などでもご一緒

させて頂いた方々もいます。また、このようなある程度の影響力が
あり、動画を通じて互いの企業を「面白い」と思える関係であれ
ば、ひとつのビジネスアイデアで、事業を広げていくこともできま
すし、今現在取り組んでいる事業もあります。

　私個人としては、会社で本気でSNSに取り組むクリエイターと
して、なかなか近くには同じような境遇の会社員がいなかったの
で、SNSを通してそのような人に出会えて、切磋琢磨できているこ
とが、非常に大切なご縁だなと感じています。もし、この本を読ん
で、クリエイターとして足を踏み出そうしている方がいましたら、
いつの日か動画の話を一緒にできたら嬉しいなと思います。

SNSビジネス活用術Q&A

Q 内製化することのメリットは何ですか?

A 経営者とSNSの担当者が一緒にいる時間が長くなり、会社の良さを引き出せる企画が書きやすくなります。外注して動画を作ってもらうよりもトータル的にコストを安く抑えることが可能です。

Q 長野社長が出役として気をつけていることはありますか?

A 間の置き方や目線の配り方を学ぶため、普段から落語を見ています。

Q SNS担当として採用する場合、どこを重視しますか?

A 編集技術はやっていくうちに伸びていきます。YouTubeやTikTokを日常的にたくさん見ている人かどうかを確認します。インプットできなければアウトプットすることもできません。私は勤務時間中に鈴木が目の前でYouTubeやTikTokを見て笑っていることも仕事の一環と思っています。

最後に私が全国各地でセミナーを行ってきた中で参加者からよく寄せられる質問をいくつかピックアップして紹介させていただきます。

Q 動画のイメージとリアルイメージを同じにするためのコツはなんですか?

A 面白いからといって素の性格とかけ離れたことをしても続きません。私は信頼できる人からならいじられた方がいい性格だったということをそのままコンテンツにしました。

Q 本業への採用増加の要因は何だと思いますか?

A 簡単に言えばイメージ戦略が成功しています。楽しそうな会社、ホワイトそうな会社、活躍できそうな会社であるというイメージを社長と部下の掛け合いで印象づけられたと思っています。動画を通じて嘘がない会社だと認知してもらっています。SNSを会社がやっているというだけで、若い年代を中心にプラスのイメージに働いています。

Q 現在コンサルティングは請け負っていますか?

A 私たちは、現在コンサルティングを専門で請け負ってはいません。ですが、SNS投稿を内製化している会社に対し、スタートアップ研修を実施しています。鈴木が会社にお伺いし、2日間かけて座学を行い、企画の考え方、撮影方法、編集方法などをSNSの担当者に対してレクチャーします。

おわりに

　最後まで読んでいただき、ありがとうございます。

　SNS、特にYouTubeやTikTokは、今の時代において必要不可欠なプラットフォームです。多くの企業がこの波に乗り遅れたと感じているかもしれませんが、私たちがお伝えしたいのは「今からでも間に合う」ということです。

　SNSは、あなたの会社の持つ可能性や魅力を最大限に伝え、会社まるごと新しい世界へ誘う秘密兵器です。この本を読んでいただいたあなたなら、必ずやり方を見つけられるでしょう。

　この本では、企業で運用するためのSNSの基礎から応用、さらには成功の秘訣までをご紹介しました。序章から感じ取っていただいたかもしれませんが、SNSは「やりたいけどやり方がわからない」という初心者でも、企業内でSNSをできる環境づくりができて、正しいやり方を繰り返していけば、着実に成果を出せます。そのうえで、バズるまでのプロセスを経験していくことで、確かな成長と成功を手に入れることができます。

　章ごとに紹介された各戦略やアイデアは、実際のビジネスシーンでの応用が可能です。バズるための具体的な準備や継続的な価値提供の方法もこの本を通じて身につけていただけると思います。この本の中で紹介されている事例やアドバイスを参考に、あなたの会社

のコンテンツや価値を世界に発信していってください。SNSは、ただ単に情報を共有する場ではなく、あなたの会社の「声」となり、新たな顧客やファンを生み出す力があります。

YouTubeとTikTok、どちらを選ぶか、両方同時に取り組むかはあなた次第です。それぞれのプラットフォームには異なる魅力と可能性がありますが、大切なのは「はじめること」です。そして、継続すること。試行錯誤しながらも、自分たちのスタイルを見つけ、育てていくことが大切です。しかし、忘れてはならないのは、成功への道のりは一筋縄ではいかないということです。私たちもほぼ毎日動画を更新し、一年以上試行錯誤を繰り返して初めてバズりました。失敗や挫折も、成功への大切なプロセスです。これらの経験から学び、改善し続けることが、長期的な成功につながります。

最後に、この本を手に取ってくださった経営者の方、すべてのSNS担当者の皆さんへ。これからのチャレンジが、皆さんにとって新たなステージへの第一歩となることを心より願っています。はじめるのに遅すぎるということはありません。今日から、あなたも素晴らしいSNSの世界へ足を踏み入れてみてください。

皆さんの挑戦を応援しています。幸運を祈ります。

長野雅樹

長野雅樹

1977年岩手県生まれ。15種類の建設業許可を持つ総合建設業の株式会社リンクロノヴァの代表取締役社長。部下がオフィスで勝手に料理をはじめる動画がバズり、YouTube、TikTok共に登録者数は100万人を突破（2024年1月現在）。中国のSNSアカウントも含め、SNSの総フォロワー数は400万人を超えている（2024年1月現在）。2023年3月にはSNSマーケティングを行う株式会社リセンダーを設立。全国各地でセミナーも行っている。

鈴木啓太

1994年宮城県生まれ。動画クリエイター。株式会社リンクロノヴァのSNSを企画・演出し、顔出しはしていないが、声と手元で出演している。2023年3月に株式会社リセンダーに転職。SNSにまつわる全てを統括し、YouTube、TikTokにて登録者100万人を達成。自身もSNSの技術指導をメインとした講演会も行っている。料理が得意である。

YouTube　ながの社長のハッピーチャンネル
TikTok　ながの社長

結果を引き寄せる
完全版　YouTube TikTokビジネス活用術

2024年2月28日　初版発行

著　者	長野雅樹　鈴木啓太
発行者	山下直久
発　行	株式会社KADOKAWA
	〒102-8177
	東京都千代田区富士見2-13-3
電　話	0570-002-301(ナビダイヤル)
印刷所	TOPPAN株式会社
製本所	TOPPAN株式会社

●お問い合わせ

https://www.kadokawa.co.jp/

（「お問い合わせ」へお進みください）

※内容によっては、お答えできない場合があります。

※サポートは日本国内のみとさせていただきます。

※Japanese text only

定価はカバーに表示してあります。